lonely planet

DE CERCA

MILÁN

Stephanie Ong

Sumario

Arriba: lago de Como (p. 136).
Abajo: Galleria Vittorio Emanuele II (p. 45).

Explora Milán 33

Guía práctica 143

★ Imprescindible

Merece la pena

El viaje empieza aquí

Milán sabe bien cómo guardarse sus bazas, y eso es lo que me encanta de esta ciudad. Es hermosa, pero no al estilo de Venecia o Roma. Aquí todo gira en torno a su arquitectura racionalista, de trazado limpio, sus canales iluminados por la noche, el Duomo teñido de rosa por los rayos del sol de la tarde o un evento de diseño en alguna fábrica abandonada. Atesora una buena dosis de historia, pero sin necesidad de hacer cola durante horas para conocerla. Por el contrario, se puede topar perfectamente con una diminuta iglesia con frescos del s. XVI y disfrutarla en exclusiva.

Stephanie Ong

@stephongsorci

Stephanie ha compaginado su labor como autora de numerosas guías de Lonely Planet con la colaboración en diversas revistas europeas y australianas especializadas en estilo de vida. Es natural de Melbourne, pero está afincada en Milán.

Arco della Pace.

GIVAGA/SHUTTERSTOCK ©

LO MEJOR

Moda

Para ahondar en la faceta más glamurosa de esta gran capital mundial de la moda, basta darse un garbeo por el Quadrilatero d'Oro, explorar sus museos dedicados a la alta costura o simplemente admirar el impecable estilo de sus viandantes.

Admirar las vistosas tiendas insignia de marcas como Fendi y Dolce & Gabbana en el **Quadrilatero d'Oro** (p. 53), uno de los barrios de *boutiques* de moda más famosos del mundo.

Repasar la elegancia de las confecciones realizadas por Giorgio Armani a lo largo de sus 50 años de carrera con las más de 200 prendas del **Museo Armani/Silos.** (p. 113; foto)

Ver arte contemporáneo en la **Fondazione Prada** de Miuccia Prada, incluidas las setas de Carsten Höller o los tulipanes de Jeff Koons. (p. 122)

Tener una perspectiva del arte más vanguardista en el **Osservatorio Fondazione Prada,** en la 7ª planta de la Galleria Vittorio Emanuele II. (p. 46; foto)

Dcha.: Fondazione Prada (p. 122).

FONDAZIONE
2

LO MEJOR

Diseño

Milán sigue siendo la piedra angular del diseño gracias a sus muchas (e influyentes) ferias, museos, galerías y estudios. Se pueden revisitar grandes referentes, como Gio Ponti o Enzo Mari, antes de descubrir nuevos talentos.

Rendir tributo a las leyendas del diseño a través de 300 icónicos objetos, como la famosa máquina de escribir roja de Olivetti Valentine, en el museo **Triennale di Milano.** (p. 81)

Saciar la sed creativa en la **Semana del Diseño de Milán** (p. 113; foto), o Fuorisalone, donde todo el mundo –desde Hermès a cualquier pequeño estudio– acoge algún evento.

Sumergirse en el extravagante mundo del diseñador Achille Castiglioni, en el estudio de la **Fondazione Achille Castiglioni,** donde trabajó desde 1962 hasta su muerte, en el 2002. (p. 81)

Descubrir las tendencias del diseño de muebles en esta antigua fábrica de corbatas convertida en la **Rossana Orlandi Gallery.** (p. 107; foto)

Dcha.: Triennale di Milano (p. 81).

LO MEJOR

Arte

Aunque no puede rivalizar con Florencia en arte renacentista, Milán cuenta con una impresionante colección que comprende desde piezas medievales a obras maestras contemporáneas, pasando por numerosas joyas del s. XX.

Quedar atónito ante **'La última cena'** de Leonardo da Vinci en la Basilica Santa Maria delle Grazie. (p. 96)

Maravillarse ante la colección de maestros clásicos de la **Pinacoteca di Brera,** fundada por Napoleón como el "Louvre italiano". (p. 72)

Aprender sobre movimientos artísticos del s. XX como el futurismo o el *arte povera* en el **Museo del Novecento.** (p. 40; foto)

Admirar la colección de Poldi Pezzoli en su **casa museo,** decorada acorde a los períodos en que se realizaron las obras exhibidas. (p. 62)

Quedar ahíto de pintura lombarda de los ss. XVIII y XIX en los bellos *palazzi* de las **Gallerie d'Italia.** (p. 45; foto)

Aplaudir las fascinantes muestras expuestas en el formidable **MUDEC** de David Chipperfield. (p. 114)

Dcha.: Basilica Santa Maria delle Grazie (p. 96).

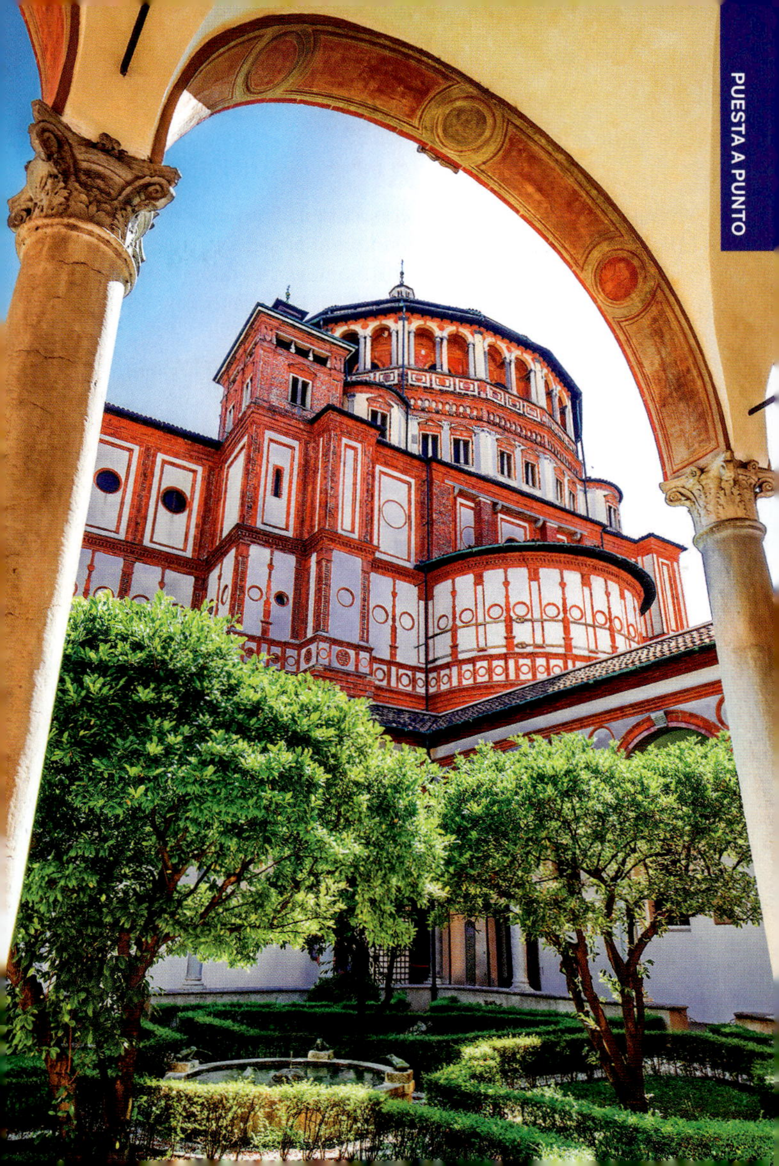

LO MEJOR

Historia

Fundada por celtas y conquistada por los romanos (quienes la llamaron Mediolanum), Milán ha acogido cortes imperiales y ha florecido gracias a hábiles estrategias políticas y comerciales, y como centro de la Ilustración en Italia.

Explorar el **Castello Sforzesco,** imponente fortaleza medieval repleta de arte que ilustra la historia de la ciudad. (p. 76; foto)

Embelesarse ante el seductor **Duomo,** erigido hace más de 600 años y espectacular fusión gótico-renacentista. (p. 36)

Atisbar el pasado en el **Civico Museo Archeologico,** con piezas romanas, griegas y etruscas. (p. 105)

Descubrir el **Cimitero Monumentale,** última morada de la élite milanesa, cuajado de artísticos sepulcros y mausoleos. (p. 86; foto)

Pasear por la **Galleria Vittorio Emanuele II,** la galería comercial más antigua del mundo, de 1861. (p. 45)

Contemplar la **Chiesa di San Maurizio,** cubierta de frescos, en su mayoría de Bernardino Luini, coetáneo de Leonardo da Vinci. (p. 105)

DESDE IZDA.: CATARINA BELOVA/SHUTTERSTOCK ©, DRAGAN MUJAN/SHUTTERSTOCK ©, CORTESÍA DE CAMPARINO ©

LO MEJOR

'Aperitivi'

La versión milanesa de la *happy hour*, el *aperitivo*, suele ir de las 19.00 a las 21.00 y suele servirse con algo para picar o con un bufé incluido en el precio del cóctel, la cerveza o la copa.

Hay que probar el *negroni sbagliato* del **Bar Basso,** el establecimiento donde, al parecer, se inventó. (p. 62)

Saborear cócteles a base de Campari en el asombroso bar modernista **Camparino in Galleria.** (p. 49)

Tomar un cóctel junto a la piscina de los **Bagni Misteriosi,** un lido de la década de 1930. (p. 127)

Alternar entre *bruschette* y vinos en **Cantine Isola,** con una selección de más de 2000 botellas. (p. 92)

Codearse con las *sciure* (señoras bien) que frecuentan la **Pasticceria Cucchi.** (p. 115)

Respirar el ambiente campestre de **Un Posto a Milano,** una granja renacida como bar. (p. 130)

Camparino in Galleria (p. 49).

LO MEJOR

Arquitectura

El encanto arquitectónico de Milán reside en su amalgama de estilos. De entrada se observa la fascinación por el *art nouveau* y el rigor racionalista, seguidos de rompedores proyectos más recientes, como el galardonado Bosco Verticale ("bosque vertical").

Admirar el **Duomo,** realizado en mármol de Candoglia y adornado con altísimas agujas y miles de estatuas. (p. 36; foto)

Darse un garbeo por la neoclásica **Galleria Vittorio Emanuele II,** rematada por un etéreo techo de cristal y una cúpula. (p. 45)

Visitar la **Villa Necchi Campiglio,** de estilo racionalista, obra del aclamado arquitecto milanés Piero Portaluppi para dos adineradas hermanas. (p. 54)

Contemplar el **Bosco Verticale,** dos torres gemelas cubiertas de fronda, que se han convertido en un prototipo de diseño sostenible. (p. 91)

Admirar la **Basilica di Sant'Ambrogio,** una iglesia del s. IV –en parte reconstruida–, ejemplo perfecto de arquitectura románica lombarda. (p. 100; foto)

Constatar la inclinación de Milán por lo futurista en la llamativa **Piazza Gae Aulenti,** bordeada de arquitectura moderna. (p. 91)

Osteria del Binari (p. 115).

LO MEJOR

Gastronomía

Influida por tradiciones francesa y austríaca, la cocina milanesa, siempre rica y reconstituyente, viene dictada por la carne y con frecuencia presenta el tentador color del azafrán o la mantequilla.

Hincarle el diente a un *osobuco* y a un cremoso *risotto alla milanese* en la **Trattoria Masuelli,** regentada por la misma familia desde 1921. (p. 130)

Llamar a **Ratanà** con dos días de antelación para encargar la que quizá sea la mejor *cotoletta* (chuleta de ternera empanada) del lugar, cortesía del chef Cesare Battisti. (p. 92)

Acostumbrar las papilas gustativas a clásicos como rollitos de repollo, callos u *osobuco* en la histórica **Antica Trattoria della Pesa.** (p. 92)

Comprobar en primera persona el éxito del joven chef al mando de **Via Stampa,** con recetas como *mondeghili* (albóndigas) con ingredientes obtenidos con prácticas éticas. (p. 48)

Sentarse en la terraza de la **Osteria del Binari** a disfrutar de opíparas raciones de pasta artesana y platos lombardos tradicionales. (p. 115)

LO MEJOR

Vida nocturna

Milán es una ciudad de ambiente sociable con infinidad de opciones para una noche de juerga. Hay clubes para todos los gustos y horarios (algunos, durante el día), aunque en general están retirados del centro.

Vivir el ambiente de **Club Plastic,** con una parroquia salpicada de famosos, como en tiempos de Keith Herring o Andy Warhol. (p. 131)

Bailar swing y *liscio* (baile folclórico del norte de Italia) bajo las estrellas en **Balera dell'Ortica** (p. 128), una de las contadas salas de baile tradicionales de la capital lombarda.

Ver *jazz* de talla mundial en **Blue Note,** la única sede en Europa del afamado club neoyorquino. (p. 93; foto)

Moverse a ritmo de *techno* en el **Tempio del Futuro Perduto,** un club en un espacio industrial abandonado. (p. 93)

Unirse a los treintañeros que bailan música electrónica y *trip-hop* bajo una bola discotequera en el lustroso **Apollo Milano.** (p. 117; foto)

Lo mejor para niños

Descubrir fascinantes exposiciones, incluidos los bocetos de los inventos creados por Leonardo da Vinci, en el **Museo Nazionale Scienza e Tecnologia Leonardo da Vinci** (p. 98).

Corretear por los espacios abiertos del medieval **Castello Sforzesco** (p. 76), conectados con el **Parco Sempione** (p. 71), el pulmón verde de la ciudad.

Expandir la mente en el singular **Museo Civico di Storia Naturale** (p. 64), cuyos enormes dioramas permiten imaginarse la vida de un tigre y otras criaturas.

Dejar que los niños aprendan jugando en el **MUBA** (p. 128), el primer centro cultural de la ciudad dedicado a los peques, en la Rotonda della Besana.

Escapar del calor estival en las piscinas de los **Bagni Misteriosi** (p. 127), donde también se imparten clases de natación y talleres de teatro.

Lo mejor gratis

Acometer un lúgubre recorrido artístico por el **Cimitero Monumentale** (p. 86), con épicos mausoleos y lápidas diseñados por célebres artistas de los ss. XIX y XX.

Homenajear al patrón de Milán en la epónima **Basilica di Sant'Ambrogio** (p. 100), magnífico ejemplo del románico lombardo.

Observar la obra de grandes figuras del s. XX como Lucio Fontana o Piero Manzoni, en la **Casa Museo Boschi di Stefano** (p. 63), diseñada por Piero Portaluppi.

Ver la versión reducida de la Capilla Sixtina de Milán, la **Chiesa di San Maurizio** (p. 105), repleta de frescos de Bernardino Luini.

Conocer el lugar de Milán en el mundo, desde el s. XVI hasta la actualidad, repasando la colección permanente del **MUDEC** (p. 114).

Tres días perfectos

Subir a lo alto del Duomo, sumergirse en el mundo del diseño y la alta costura, ir de copas por el barrio LGTBIQ+... Las muchas facetas de Milán pueden verse en pocos días.

Azotea del Duomo (p. 36).

PRIMER DÍA

Si solo se dispone de un día

MAÑANA

Ver el trasiego callejero desde lo alto del **Duomo** (p. 36). Después, pasear por la **Galleria Vittorio Emanuele II** (p. 45; foto) sin perder detalle de su techo de cristal y su suelo de mosaicos.

TARDE

Dirigirse al **Castello Sforzesco** (p. 76) para repasar la historia de Milán, y relajarse en el **Parco Sempione** (p. 71). Los entusiastas del diseño irán al **Triennale di Milano** (p. 81); otros tal vez prefieran ir a **Brera** (p. 71) para deleitarse con la obra de los viejos maestros en la **Pinacoteca di Brera** (p. 72).

NOCHE

La velada empieza en la ópera **La Scala** (p. 45) y termina disfrutando de un trago en el bar modernista **Camparino in Galleria** (p. 49).

SEGUNDO DÍA

Un fin de semana

MAÑANA

Se empieza admirando los frescos de la **Chiesa di San Maurizio** (p. 105), antes de enfilar al **Museo Nazionale della Scienza e della Tecnologia Leonardo da Vinci** (p. 98) para ver los bocetos de inventos de Leonardo.

TARDE

Se visita la **Basilica di Sant'Ambrogio** (p. 100), dedicada a la santa patrona local; y a continuación, tras haber reservado las entradas, se toma el tranvía para ver *La última cena* de Leonardo (p. 96).

NOCHE

Se va a la zona de **Navigli** (p. 109; foto) para tomar el *aperitivo* junto a sus canales. Interesa evitar las trampas para turistas y seguir por el Naviglio Grande hasta que se vean bares frecuentados por lugareños.

TERCER DÍA

Una escapada

MAÑANA

Se pasea por el lujoso **Quadrilatero d'Oro** (p. 53), maravillándose ante sus vistosas tiendas de moda. Es obligado hacer un alto en el **Museo Poldi Pezzoli** (p. 62), con pinturas y mobiliario de época, o en el **Museo Bagatti Valsecchi** (p. 61), fruto de la obsesión por el Renacimiento de sus creadores.

TARDE

Tras admirar la mezcla de racionalismo y *art déco* de **Villa Necchi Campiglio** (p. 54; foto), se va a la **Casa Museo Boschi di Stefano** (p. 63), también diseñada por Piero Portaluppi, llena de óleos de grandes artistas italianos del s. XX.

NOCHE

Se cena en **Porta Venezia** (p. 53) y, acto seguido, se va de bares por la animada Via Melzo y la **zona de ambiente** de Milán (p. 65).

Con más tiempo

Ver qué ofrecen museos como el **MUDEC (Museo delle Culture)** (p. 114) o el **Triennale di Milano** (p. 81). Los amantes de la moda deberían detenerse también en el **Armani Silos** (p. 113), consagrado a la estética minimalista de Giorgio Armani, y la **Fondazione Prada** (p. 122), donde el arte contemporáneo se funde con el estilo Prada. El **Santuario di San Bernardino alle Ossa** (p. 47) o la **Chiesa di Santa Maria dei Miracoli e San Celso** (p. 127) custodian tesoros ocultos que se disfrutarán en soledad.

Visitar diferentes barrios brinda una visión más completa de la ciudad. Milán cuenta con el segundo **Chinatown** (p. 85) más grande de Europa, y su arteria principal, Via Paolo Sarpi, está llena de restaurantes chinos, karaoke y bares a la última. **NoLo** (p. 118) es uno de los barrios más en auge de la ciudad, con un ambiente multiétnico y una seductora vida nocturna, mientras que en la zona de **Piazza Gae Aulenti** (p. 91) se verá el lado más futurista de Milán.

Piazza Gae Aulenti (p. 91).

Una excursión

El **lago de Como** (p. 136; foto), a solo 40 min en tren, es un fascinante enclave rodeado de montañas que bien merece una visita.

Se dedica la mañana a explorar **Villa del Balbianello** (p. 139), la más famosa del lago gracias a su aparición en numerosos filmes. Posee un espectacular jardín con un inconfundible roble en forma de casco, mientras que su interior desvela la fascinante vida del acaudalado explorador Guido Monzino. Después se toma un ferri rumbo a **Bellagio** (p. 136), la "perla del lago", donde se almuerza pescado antes de recorrer las empinadas calles. Se termina en **Varenna** (p. 138), dando un paseo por los jardines de **Villa Monastero** (p. 139).

En un día de lluvia

Los museos de Milán son muy variados. El **Museo del Novecento** (p. 40) aborda el futurismo italiano, las **Gallerie d'Italia** (p. 45) tienen cantidades ingentes de arte lombardo del s. XXIII, la **Fondazione Prada** (p. 122) es un espacio con arte que induce a la reflexión, y la **Pinacoteca di Brera** (p. 72; foto) exhibe una formidable nómina de grandes maestros.

La **Villa Necchi Campiglio** (p. 54) es, por su parte, una joya de estilo racionalista que permite descubrir la vida de un rico heredero en la década de 1930, mientras que las aguas termales del *spa* **QC Termemilano** (p. 127) son una bendición incluso bajo la lluvia.

Prepararse

ANTES DE PARTIR

Tres meses antes
Reservar entradas para **La Scala** (p. 45) con mucha antelación, máxime si se quiere ver una ópera muy solicitada.

Dos meses antes
Reservar para ver **'La última cena'** (p. 96), sobre todo en temporada alta (jun-ago).

Dos semanas antes
Sacar entradas para la **Villa del Balbianello** (p. 139) o arriesgarse a perderse el principal reclamo del lago de Como.

Costumbres

Los milaneses tienden a ser más distantes que los italianos del sur. Al conocer a alguien lo normal es estrecharse la mano; en la segunda cita, se dan dos besos.

Al dirigirse a un dependiente o a un camarero, o al preguntar algo a un extraño, es conveniente empezar con un *buongiorno* en vez del más informal *ciao*.

Las despedidas son siempre interminables; que nadie espere irse diciendo "adiós" sin más.

Ropa

Los milaneses se toman muy en serio ciertas cosas, entre ellas, la vestimenta. No hay que vestir a la última, pero ayuda a estar bien visto. Proyectar una buena imagen es una cuestión de orgullo. No hay que ponerse prendas desastradas ni llevar chanclas en la ciudad.

Conviene saber

'Latte' Significa "leche" en italiano, y si se pide un *latte* en un bar o en una cafetería, un vaso de leche es precisamente lo que le servirán (además de mirarle con cara de estupefacción). Si apetece un café con leche, habrá que pedir un *"latte macchiato"*, servido normalmente en un vaso alto y con más leche que café.

Fruta En los supermercados y en los puestos de fruta está muy mal visto tocar la fruta directamente con la mano.

Agosto De mediados a finales de agosto, los lugareños salen en tromba de la ciudad para escapar del calor y casi todos los bares y restaurantes echan el cierre. De noche suele haber muchos mosquitos.

PROPINAS

No se espera y en general nadie la deja, a menos que el servicio sea excepcional, en cuyo caso lo que se hace es dejar unos euros o redondear la cuenta al alza.

5-10 €
Restaurantes
Servicio excelente o establecimiento de categoría

Suelto
Taxi
Si el servicio es bueno

2 €, aprox.
Repartidores de 'pizzas'

Poco habitual
Bares, 'pubs' y cafés

PRESUPUESTO DIARIO

Económico Hasta 150 €

- Cama en dormitorio colectivo: **35-55 €**
- Transporte: **7,60 € billete 24 h**
- *Pizza:* **8-20 €**
- Museos: **gratis en su mayoría**

Medio Entre 150-350 €

- Apartamento o habitación doble: **70-200 €**
- Cena con vino: **50-70 €**
- Entrada a punto de interés: **5-30 €**

Alto Más de 350 €

- Apartamento o habitación doble de lujo: **desde 250 €**
- Degustación sin maridaje: **90-185 €**
- Entradas para La Scala: **110-250 €**
- Taxi: **50 €**

Moneda
Euro (€)

Idioma
Italiano

Hora
Horario de Europa central (GMT+1)

NISSRINE MAHMOUD/SHUTTERSTOCK©

CONSEJO

Muchos museos son gratis el primer domingo de cada mes, así como el primer y tercer martes del mes a partir de las 14.00. La Tourist Museum Card (12 €) permite la entrada a seis museos durante un período de tres días.

Cuándo ir

Aunque no sea la Semana de la Moda ni haya programado ningún festival, la oferta de ocio es amplísima en cualquier época. El mes más tranquilo es agosto, pues muchos milaneses se van de vacaciones.

Los días de sol, sumados a eventos como la Semana del Diseño, hacen de abril, mayo y junio una época ideal para visitar la capital lombarda, con algo de lluvia ocasional. Las temperaturas se disparan en julio y agosto, cuando llegan los mosquitos y la mayoría de los lugareños pone rumbo a sus segundas viviendas, en lagos o montañas. Septiembre y octubre son sinónimo de temperaturas más frescas, nuevas exposiciones y partidos de fútbol. El invierno es gris, pero tiene su encanto, en particular diciembre, cuando el centro y los canales se iluminan con la Navidad.

Fechas señaladas

Febrero/marzo y septiembre/octubre Uno sabe que ha arrancado la **Semana de la Moda** cuando ve modelos en el metro, los precios de los hoteles se disparan y es casi imposible parar un taxi. Los espectáculos son privativos de gente de la industria y vips.

Abril La Semana del Diseño (p. 113) desembarca con un sinfín de eventos, desde el Salone del Mobile a incontables iniciativas cortesía de empresas como Hermès, Google y estudios locales.

Junio El **Milano Pride** es el emblema para la comunidad LGTBIQ+. Porta Venezia es el principal centro de los festejos, pero también se organiza un desfile que concluye con una desenfrenada fiesta en el Arco della Pace.

Septiembre Disputado en Monza, a 15 min en tren, el **Gran Premio de Italia** atrae a los amantes del automovilismo desde 1921.

Clima

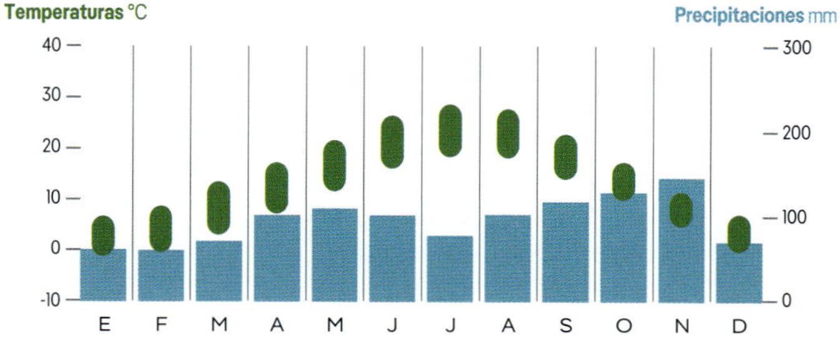

STEFANO BOLOGNINI/SHUTTERSTOCK ©

Orgullo de Milán.

Sabor local

Febrero El **Carnivale** equivale a panaderías llenas de *tortelli* y *chiacchiere* (masas dulces fritas), máscaras aquí y allá, y un desfile por el Naviglio Grande.

Marzo El penúltimo fin de semana de mes, con motivo de **Le Giornate FAI di Primavera** (Jornadas FAI de Primavera; *fondoambiente.it*), abren sus puertas 750 tesoros culturales apenas conocidos y de difícil acceso, desde rascacielos a villas particulares. Y todo, gratis.

Mayo Quienes se pregunten qué hay tras los muros que rodean algunos de los preciosos antiguos *palazzi* de la ciudad, podrán echar un vistazo a sus patios y jardines ocultos durante la iniciativa **Cortili Aperti.**

Diciembre El 7 de diciembre, **Sant'Ambrogio,** es una fecha marcada en rojo por los milaneses, pues si bien las festividades oficiales en honor al santo patrón son discretas, este día supone el inicio de las fiestas navideñas y de mercados como el Obej Obej.

CONSEJOS SOBRE ALOJAMIENTO

Las tarifas se reducen en invierno (nov-feb) y suben durante los meses más cálidos (may-sep), en especial durante las Semanas de la Moda y la Semana del Diseño, cuando conviene reservar con mucha antelación.

Cómo llegar

El grueso de los viajeros internacionales llega al aeropuerto de Malpensa. Los procedentes de destinos más cercanos lo hacen al aeródromo de Bérgamo-Orio o al de Milan-Linate, o bien a la Stazione Centrale, si se viaja en tren.

Del aeropuerto al centro

En tren

El **Malpensa Express** (50 min) es el transporte más rápido entre el aeropuerto de Malpensa y la Stazione Centrale; hay trenes cada 30 min de 5.30 a 23.30. Desde Linate son 20 min de trayecto en metro (línea M4); servicios cada 6 min.

En autobús

Es la forma más directa de ir del aeropuerto de Bérgamo al centro de Milán en transporte público. Se tarda 50-60 min hasta la Stazione Centrale (ida/ida y vuelta 10/18 €), según el tráfico. Varias empresas prestan servicio entre 4.00 y 1.00. Desde Malpensa también circulan autobuses a la Stazione Centrale (ida/ida y vuelta 10/16 €); menos práctico es el tren, pese a ofrecer un horario más amplio (5.00-1.00).

En taxi

La carrera entre Malpensa y el centro sale por 110 € (tarifa fija). Del aeropuerto de Bérgamo a la Stazione Centrale, unos 130 €; de Linate al centro de Milán, 25-30 €. El poderoso gremio de los taxistas milaneses ha logrado que en la ciudad solo opere Uber Black, más caro que un taxi convencional.

Otros puntos de entrada

Stazione Centrale

Al norte de la ciudad, esta monumental estación recibe trenes internacionales de alta velocidad (la foto) procedentes de Francia, Suiza, Austria y Alemania, además de ser un importante nudo de conexiones nacional.

La manera más cómoda de llegar a otros puntos de la ciudad es el metro (M2 y M3), al que se accede desde la propia estación. Como alternativa, hay una parada de taxis a mano izquierda según se sale.

NGCHIYU/SHUTTERSTOCK ©

Cómo desplazarse

Milán es una ciudad relativamente pequeña en la que resulta fácil moverse. Hay metro, autobuses y (lentos) tranvías, además de vehículos compartidos, como automóviles, bicis, patinetes eléctricos y escúteres. El Ayuntamiento milanés ha creado recientemente más carriles-bici.

Metro

La red de metro más extensa de Italia (foto) llega a casi todos los rincones de la ciudad de manera rápida. Consta de cinco líneas –M1 (roja), M2 (verde), M3 (amarilla), M4 (azul) y M5 (lila)– y está prevista la creación de varias más en un futuro. Funciona de 5.40 a 12.30.

Autobús

El tráfico en Milán es intenso, de ahí que moverse en autobús no siempre sea la mejor opción. Es útil para acceder donde no llega el metro y, también, cuando este cierra; cada 30 min circulan autobuses nocturnos en varias rutas.

Tranvía

Con una red de 18 líneas, el tranvía es un medio cómodo pero no el más rápido. Se recomienda subirse al histórico tranvía nº 1, una antigua belleza de color naranja con elementos originales; es una forma encantadora de explorar el norte del Duomo.

DESDE IZDA.: NADIR KEKLIK/SHUTTERSTOCK ©, JAROSLAV MORAVCIK/SHUTTERSTOCK ©

'APP' ESENCIAL

Aunque la Compañía de Transportes de Milán (ATM) tiene su propia aplicación, casi todo el mundo usa Google Maps o Citymapper.

Bicicleta

Las opciones son varias: desde bicis clásicas a eléctricas, pasando por las que pueden aparcarse en cualquier lugar o en estaciones específicas. Todas precisan descargarse una *app*. Las más utilizadas son las de Lime, BikeMi y RideMovi. Las tarifas varían: algunas exigen darse de alta; otras cobran una tasa de desbloqueo, que se añade al precio por minuto.

Patinete eléctrico

Es un medio con mucho tirón. Hay que considerar unas normas básicas, como no superar los 20 km/h de velocidad (6 km/h en zonas peatonales). Lime, Bolt, Dott y Helbiz son los más populares; solo hay que descargar sus *apps*.

Taxi

El peso del influyente gremio milanés del taxi se traduce en escasez de vehículos (aún más patente durante eventos multitudinarios), lo que hace imposible parar uno por la calle. Hay que ir a las paradas designadas, situadas normalmente delante de las estaciones de tren y frente a grandes hoteles, o solicitarlos por teléfono o mediante una *app* como Freenow.

Información esencial

Pago digital

Se puede pagar con tarjeta contactless (MasterCard, Visa, American Express, Maestro, VPay) o a través del móvil (Apple Pay, Samsung Pay) en todos los servicios de la ATM; basta acercar la tarjeta o el móvil al lector, proceso que habrá que repetir en el metro al salir. Hay que usar siempre la misma tarjeta, sobre todo si se prevé realizar varios trayectos a lo largo del día, pues a partir del cuarto viaje el sistema aplica automáticamente la tarifa diaria.

Quienes tengan una tarjeta SIM italiana podrán comprar un billete sencillo enviando un SMS con el texto "ATM" al número 4880488; acto seguido, se recibirá un tique por SMS, que se valida automáticamente. También se pueden adquirir a través de la aplicación oficial de ATM Milano, aunque no es especialmente intuitiva.

Billetes físicos

Se venden en estaciones de metro, *tabacchi* (estancos) y quioscos de prensa, pero hay que validarlos en las máquinas rojas al subir a los buses y tranvías o en los torniquetes de las estaciones.

Tarifas

- Para un trayecto corto se necesita un sencillo (*un biglietto;* 2,20 €), válido durante 90 min en autobuses, trenes (excepto la línea S) y tranvías.

- Si se planea hacer varios trayectos en un mismo día, se puede ahorrar comprando un billete de un día (7,60 €, válido durante 24 h desde su validación).
- Si se va a estar tres días en la ciudad, interesa hacerse con un billete de tres días, que cuesta 15,50 € y es válido hasta las 23.59 del último día.
- Los menores de 14 años viajan gratis.
- Quienes viajen sin un billete válido se exponen a ser multados.

— MULTA POR VIAJAR SIN BILLETE —

Hasta 45 €, que de no ser abonados en un plazo de 65 días aumentan exponencialmente.

BILLETES

Los precios indicados corresponden a la zona Mi1-Mi3, que es por donde suelen moverse los viajeros.

Tipo de billete	Coste
90 min	2,20 €
1 día (24 h)	7,60 €
3 días	15,50 €

PRECIOS

Billete de transporte público (90 min)
2,20 €

Abono de transporte público (1 día)
7,60 €

Bicicleta compartida
0,50-1 €/20-30 min, más tasa de desbloqueo

ZONAS TARIFARIAS

Milán se divide en zonas tarifarias circulares que parten de su almendra central.

Mi1

Mi1 cubre el centro de Milán, donde se concentran casi todos los puntos de interés.

Mi3

Mi3 comprende municipios periféricos, como Assago y Segrate.

Mi4

Mi4-Mi9 dan servicio al área metropolitana de Milán.

Otra cara de Milán

Si se sabe dónde mirar, se encontrará un sinnúmero de símbolos y vestigios del pasado de la ciudad.

Reliquias del fascismo

El fascismo fue fundado por Benito Mussolini en 1919 en Milán e influyó en la arquitectura de la época. Las señas de identidad de este estilo eran la monumentalidad, las líneas puras y una simetría que evocaba a la antigua Roma. Muchos edificios lucían entonces el **'fascio littorio',** un haz de lictores con un hacha, símbolo del fascismo en Italia. Tras la caída de este régimen político, los edificios permanecieron, pero dichos elementos fueron retirados, como se observa en la Stazione Centrale.

Vías navegables olvidadas

Mucha gente desconoce que Milán estuvo en su día surcado de **canales,** al estilo de Venecia, hasta que Mussolini decidió rellenarlos de hormigón y dar paso a las máquinas y la modernidad. Apenas sobrevivieron unos cuantos, entre ellos el Naviglio Grande y Martesana, sumados a otros vestigios, como **La Conca dell'Incoronata,** al final de Via San Marco, una esclusa que constituía el punto de entrada a la ciudad, y que pese estar seca permite imaginar cómo debió ser.

Los complicados inicios de Milán

El antiguo emblema de la capital lombarda era el *scrofa semilanuta* (jabalí lanudo). Sin embargo, no hay rastro de este símbolo, más allá de un bajorrelieve en el Palazzo Ragione, pues la poderosa familia Visconti decidió reemplazarlo por una **'biscione'** (culebra) que está tragándose un niño. Este símbolo se encuentra por todo Milán, desde la fachada del Duomo a las fuentes municipales.

FUERA DE RUTA

Visitar el extravagante antiguo hogar de dos hermanos obsesionados con el Renacimiento en el **Museo Bagatti Valsecchi** (p. 61).

Ir de bares por **Porta Venezia** (p. 53), foco de parrandas de la comunidad LGTBIQ+.

Maravillarse antes los macabros elementos decorativos hechos con huesos humanos en el Santuario di **San Bernardino alle Ossa** (p. 47).

Repasar la vida de Achille Castiglioni, uno de los padres del diseño italiano, en una visita guiada a su **estudio** (p. 81).

San Bernardino alle Ossa (p. 47).

La Conca dell'Incoronata.

Explora Milán

Merece la pena

Circuitos a pie

Castello Sforzesco (p. 76).

Sugerencias de lugares para comer, beber y comprar en **p. 48**

Explora
Duomo y San Babila

El corazón de Milán es su casco histórico, donde el extravagante Duomo se alza sobre una vasta *piazza* plagada de turistas, cazaclientes y vecinos. A un lado queda la decimonónica Galleria Vittorio Emanuele II (apodada *il salotto di Milano,* "el salón de Milán"), por ser desde antiguo un importante punto de reunión; al otro lado se yergue el neoclásico Palazzo Reale. La mayoría de los reclamos se encuentran aquí, incluida La Scala y varios museos excepcionales, como el Museo del Novecento o las Gallerie d'Italia, todo ello a corta distancia a pie.

Cómo desplazarse

Metro

Para el Duoumo se toma la línea roja (M1), que tiene una estación delante de la misma catedral. La amarilla (M3) une la zona con la Stazione Centrale.

Tranvía

Multitud de tranvías paran en Piazza del Duomo, incluidos los n° 1, 2, 3, 12, 15 y 19. El n° 1 es una preciosidad de época (color naranja) que traquetea entre La Scala y el norte del centro. Los n° 12 y 19 siguen por Via Larga y paran cerca del Santuario di San Bernardino.

★

LO MEJOR

VISTAS
Azotea del Duomo (p. 36)

INTRODUCCIÓN AL FUTURISMO
Museo del Novecento (p. 40)

'APERITIVO' DE ESTILO 'ART NOUVEAU'
Camparino in Galleria (p. 49)

ESPACIO DE ARTE ESCONDIDO
Osservatorio Fondazione Prada (p. 46)

SALIDA NOCTURNA
La Scala (p. 45)

Galleria Vittorio Emanuele II (p. 45).

★ IMPRESCINDIBLE

Duomo

Con seis siglos a la espalda, el **Duomo** es el fiel reflejo de la ambición y el espíritu creativo de Milán. Su fachada de blanco perlado, realizada en mármol de Candoglia, está engalanada con 135 agujas y 3400 estatuas que se elevan creando una suerte de diadema tan ensoñadora como espectacular.

PLANO: P. 44 **C2**

CONSEJO
Conviene dedicarle un par de horas, máxime si se quiere explorar la zona arqueológica y la azotea. Al ocaso se aprecia mejor el tono rosáceo del mármol.

Escanea este código QR para reservar con antelación y evitar hacer cola.

Historia

Iniciada por Giangaleazzo Visconti en 1386, su construcción fue considerada inviable en un principio. Hubo que crear canales para transportar las ingentes cantidades de mármol hasta la ciudad e inventar nuevas tecnologías para acometer un proyecto de dimensiones inauditas. Luego estaba la cuestión del estilo. Las líneas góticas ya estaban desfasadas y se las consideraba demasiado francesas, de manera que con el transcurso del tiempo adoptó diferentes estilos. Por otro lado, el tedioso avance de las obras terminó por convertirse en sinónimo de cualquier tarea que se demoraba en exceso (*lungh 'me la fabrica del domm,* literalmente "más largo que la obra del Duomo", en dialecto milanés).

Exterior

Durante su dominio sobre Italia, Napoleón financió las obras del Duomo para que concluyeran en 1805, a tiempo para su autocoronación. El arquitecto se recreó con detalles neogóticos en homenaje al diseño primigenio, apostando así por el uso profético de la moda, es decir, que lo viejo siempre

BAHDANOVICH ALENA/SHUTTERSTOCK ©

vuelve. Los pináculos, remates, contrafuertes, arcos y más de 3000 estatuas son en su mayoría del s. XIX.

Terraza y linterna

Tras subir 250 escalones (o en un lento ascensor) se llega a la azotea, donde se verán de cerca las 135 ornamentadas agujas, su bosque de arbotantes y 150 singulares gárgolas. En el centro asoma la linterna octagonal del s. XV con su aguja, rematada por la efigie dorada de la **Madonnina** (1774). Durante más de un siglo fue el punto más alto de la ciudad (108,5 m), hasta que la Torre Pirelli lo desbancó en 1958.

Interior

La arquitectura recargada y espiritual de la catedral sigue transportando a cualquier visitante

PAUSA PARA EL CAFÉ
Giacomo Caffè, en el Palazzo Reale, es una opción genial para tomar un café y un bocado ligero en un animado ambiente con solera.

MUSEO CATEDRALICIO
Diseñado por Guido Canali, el **Museo del Duomo** está lleno de gárgolas y relucientes ángeles que narran los seis siglos que tardó en construirse la catedral.

moderno a la mentalidad medieval. Es, con 52 columnas, cinco naves y un órgano de proporciones épicas, la catedral más grande del país. Y los enormes vitrales del ábside –con reveladores relatos bíblicos– son realmente fascinantes.

Su interior no anda escaso de obras de arte, entre ellas el *Altar de la Virgen del Árbol,* en la parte norte, delante del cual se sitúa el candelabro Trivulzio, de 5 m, una obra maestra medieval realizada en bronce. En el extremo opuesto está el impresionante mausoleo de Gian Giacomo Medici (1564).

En la cripta (accesible desde la sillería del coro) hay un hueco que conduce al lugar donde descansa san Carlos Borromeo (cardenal arzobispo de Milán; 1564-1584).

Duomo de Milán

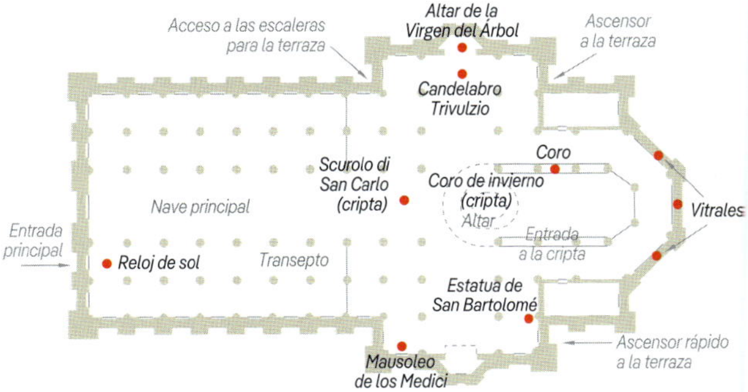

Suelos

El diseño del asombroso suelo de mármol polícromo corresponde a Pellegrino Tibald y ocupa 11 700 m^2. Los bloques de mármol de Candoglia, en tonos blancos y rosas, se extrajeron en las canteras de Mergozzo (legadas de por vida a la catedral por Gian Galeazzo) y presentan incrustaciones de mármol negro de Varenna y rojo de Arzo.

Reloj de sol del siglo XVIII

En el suelo, junto a la entrada principal, se aprecia una línea de cobre con los signos del zodíaco que, en realidad, es un reloj de arena instalado en 1783 por astrónomos de la Accademia di Brera. Por un hueco de la bóveda de la nave sur se filtra un rayo de sol que incide en varios puntos de la línea (según la época del año) en el mediodía astronómico. El instrumento presentaba tal grado de precisión que hasta el s. XIX todos los relojes de la ciudad se ajustaban con él.

San Bartolomé desollado

Una de las estatuas más insólitas de la catedral es la efigie de san Bartolomé realizada en 1562 por Marco d'Agrate, pupilo de Leonardo da Vinci. En ella se representa al santo tras haber sido torturado, con la piel separada de la carne y echada sobre los hombros a modo de capa. Este mártir cristiano fue un tema predilecto entre los escultores del s. XVI, ya que les permitía mostrar su técnica y conocimientos anatómicos.

ADOPTAR UNA AGUJA

La responsabilidad de mantener la catedral recae en la Veneranda Fabbrica del Duomo, con la se puede contribuir a través de la campaña "Adotta una Guglia" *(https://www.duomomilano.it/dona/adotta-una-guglia/).*

★ IMPRESCINDIBLE

Museo del Novecento

Con fabulosas vistas de Piazza del Duomo y la catedral, el Palazzo dell'Arengario es la sede de este **museo de arte** del s. xx. Se construyó en torno a una futurista rampa en espiral (como tributo al Guggenheim) y su colección abarca la obra de genios como Boccioni, Campigli, Giorgio de Chirico y Marinetti.

PLANO: P. 44 **C3**

CONSEJO
Toda la colección se ve más o menos en 1 h. Si se va el jueves a última hora, se estará prácticamente solo.

Escanea este código QR para conocer los horarios y reservar entradas.

Palazzo dell'Arengario

Si bien las obras de este anacrónico *palazzo* comenzaron en 1939, en pleno auge del fascismo, su construcción no terminó hasta la caída del régimen. El austero Arengario, diseñado por los arquitectos Piero Portaluppi, Giovanni Muzio, Pier Giulio Magistretti y Enrico Griffini, consta de dos edificios simétricos con una fachada porticada de tres niveles. La decoración es ínfima, salvo por los bajorrelieves del escultor italiano Arturo Martini, cuya obra hoy se exhibe en el propio museo.

Tras su culminación en 1956, el edificio fue considerado políticamente incorrecto (demasiado ligado al régimen). Sin embargo, con el paso del tiempo se le dio un nuevo uso y, en el 2010, se decidió que albergara este museo.

La colección

La colección permanente es una oda al arte moderno del s. xx, con especial énfasis en los talentos locales. Sus salas, dispuestas en orden cronológico, llevan desde las dinámicas obras de figuras del futurismo como Umberto Boccioni, Carlo Carrà y Gino Severini, al onírico arte metafísico de Giorgio de Chirico y Giorgio Morandi, antes de sumergirse en el arte abstracto de Lucio Fontana, conocido por los cortes y el uso serpenteante de la luz.

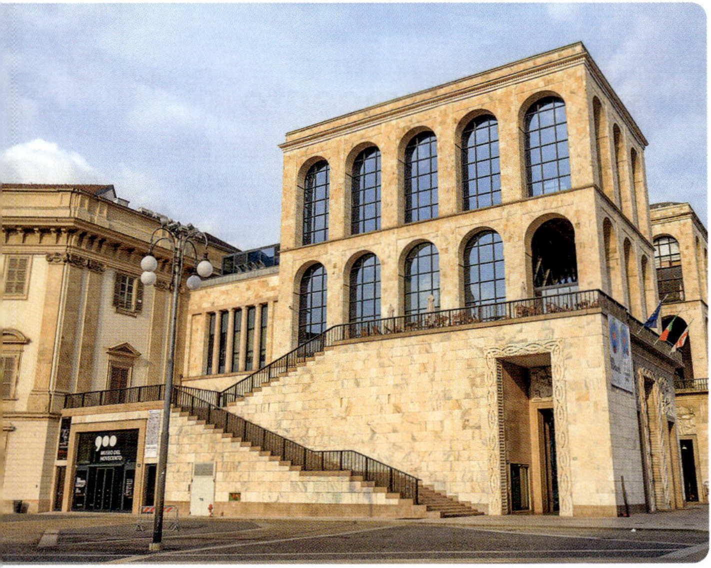

MAYKOVA GALINA/SHUTTERSTOCK ©

Destacan también *Artist's Shit* (1961) de Piero Manzoni, las esculturas de Marino Marini y las pinturas poco convencionales de Alberto Burri. La colección brinda una fascinante perspectiva de la trayectoria del país a través del fascismo, entre dos guerras mundiales y hacia el nacimiento de la era tecnológica.

Cierre y remodelación

En el momento de la visita, la 4ª planta (1960-1980) estaba cerrada al público debido a un ambicioso proyecto para ampliar considerablemente el espacio de exposiciones mediante la anexión del segundo edificio del Arengario. No hay fecha de reapertura prevista.

UNA COPA CON VISTAS
Como colofón hay que disfrutar de un trago en el elegante bistró **Giacomo Arengario** (3ª planta), algo caro pero con insuperables vistas del Duomo.

CIRCUITO A PIE

Paseo por el Duomo y San Babila

Es posible asomarse al pasado de Milán recorriendo su bullicioso centro. Desde la medieval Piazza dei Mercanti al neoclásico Palazzo Reale y el gótico Duomo, este trazado pasa junto a los principales reclamos históricos antes de enfilar hacia el efervescente Corso Vittorio Emanuele II y concluir en la más moderna Piazza San Babila.

INICIO	FINAL	DURACIÓN
Piazza dei Mercanti	Piazza San Babila	1,8 km; 1½ h

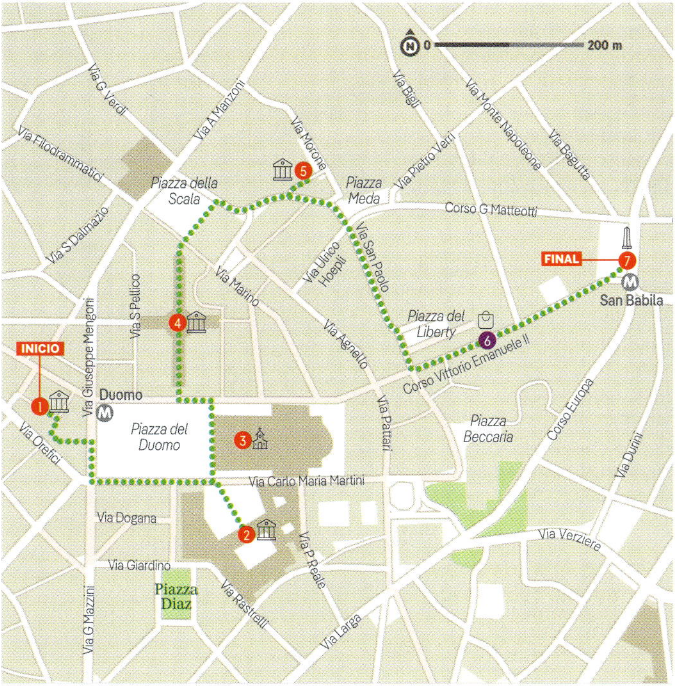

1 Antiguo icono milanés

Oportunamente llamada **Piazza dei Mercanti,** se trata del antiguo mercado medieval. Está bordeada de edificios notables, como el **Palazzo della Ragione,** identificable por los pórticos que lo rodean y el pequeño bajorrelieve de un singular jabalí lanero, antiguo emblema de la ciudad.

2 Paréntesis 'belle époque'

Se cruza la ajetreada *piazza* hacia el refinado **Palazzo Reale** *(palazzorealemilano.it; adultos/niños 15/6 €),* diseñado a finales del s. XVIII por Giuseppe Piermarini, el arquitecto favorito de la emperatriz María Teresa. Tras admirar su excelente exposición temporal y ver la Sala delle Cariatidi, lo mejor es hacer un alto en **Giacomo Caffè,** un bistró con ambiente de la década de 1900.

3 Agujas y espiritualidad

Al lado se asienta el emblemático **Duomo,** iniciado en 1386 por Giangaleazzo Visconti y terminado seis siglos después. Además de lucir 135 chapiteles, su exterior lo coronan más de 3000 esculturas de santos, poetas, el rostro de Mussolini e incluso una réplica en miniatura de la estatua de la Libertad.

4 La galería comercial más antigua del mundo

Fundada en 1878 por el epónimo primer rey de Italia, la **Galleria Vittorio Emanuele II** está considerada la más antigua de su clase del mundo. La diseñó Giuseppe Mengoni, con un espectacular techo abovedado de cristal y hierro, y entre sus locales históricos figura el bar **Camparino,** de 1915.

5 Ocho gigantes

Se pasa por La Scala de camino a la apenas conocida **Casa degli Omenoni** ("Casa de los Telamones"), decorada con atlantes. La diseñó el escultor Leone Leoni, en 1565, para que fuera su casa y taller.

6 Vía comercial

Se va hacia **Corso Vittorio Emanuele II,** la principal arteria comercial que une Piazza del Duomo y Piazza San Babila. Flanqueada por grandes cadenas de moda (Zara, Urban Outfitters...), no hay mejor sitio para comprar prendas de marca.

7 El león de San Babila

Se termina en Piazza San Babila, donde esperan rascacielos de la década de 1930 (como la **Torre Snia Viscosa**) y una discreta **columna antigua** (1626) coronada por un león, delante de la basílica. Cuenta la leyenda que los venecianos olvidaron la estatua tras frustrarse su plan de conquistar Milán.

Teatro alla Scala
Gallerie d'Italia
Museo Teatrale alla Scala
Piazza della Scala
Galleria Vittorio Emanuele II
Osservatorio Fondazione Prada
Duomo
Piazza del Duomo
Museo del Novecento
Museo del Duomo
Biblioteca y Pinacoteca Ambrosiana
Piazza Pio XI
Chiesa di Santa Maria Presso di San Satiro
Piazza S Maria Beltrade
Piazza Diaz
Santuario di San Bernardino alle Ossa
Piazza Beccaria
Piazza del Liberty
Piazza Meda
Piazza San Babila
San Babila
Cordusio
Piazza Cordusio
Missori
Via San Tomaso
Via Dante
Via Broletto
Via Meravigli
Via San Prospero
Via Porrone Bassano
Via T Grossi
Via S Dalmazio
Via S Margherita
Via S Pellico
Via Giuseppe Mengoni
Via Armorari
Via Cantù
Via Orefici
Via Spadari
Via Speronari
Via Falcone
Via dell'Unione
Via Torino
Via San Maurilio
Via Santa Marta
Via Nerino
Via della Palla
Via Stampa
Via G Mazzini
Via M Gonzaga
Via P da Cannobbio
Via Rastrelli
Via A Albricci
Corso di Porta Romana
Via Larga
Via Dogana
Via Giardino
Via dell'Arcivescovado
Via P Reale
Via Marino
Via Agnello
Via Ulrico Hoepli
Via San Paolo
Via Pattari
Corso Vittorio Emanuele II
Via Pietro Verri
Corso G Matteotti
Corso Monforte
Via Borgogna
Corso Europa
Via Durini
Via Cerva
Via U Visconti di Modrone
Via Bergamini
Via Festa del Perdono
0 200 m
A B C D E F
1 2 3 4
Más información
Imprescindible p. 36
Experiencias p. 45
Comer p. 48
Beber p. 49
Comprar p. 49

Ir a la ópera en La Scala

TEATRO DE LA ÓPERA

Ya se intuye que se va a asistir a algo extraordinario desde el momento en que se pisa este deslumbrante auditorio engalanado con una descomunal araña de luces. Y es que el **Teatro alla Scala** (*teatro allascala.org;* PLANO: 1 P. 44 C1) es una de las óperas más prestigiosas del mundo. Desde Bellini a Verdi, Maria Callas y Pavarotti, es interminable la lista de figuras que han pasado por su escenario desde su inauguración en 1778.

Las entradas cuestan entre 60 y 250 €, dependiendo de la ubicación del asiento. Ahora bien, si tener una buena vista no es prioritario, hay localidades por apenas 15 €; basta presentarse DNI en mano en la taquilla el día de la función a las 13.00.

Para saberlo todo acerca de La Scala es obligado visitar el **Museo Teatrale alla Scala** (*museoscala.org/it; adultos/niños 12/8 €;* PLANO: 2 P. 44 C1).

Dar una vuelta por la Galleria Vittorio Emanuele II

CENTRO COMERCIAL

PLANO: 3 P. 44 C2

La neoclásica **Galleria Vittorio Emanuele II** es mucho más que una galería comercial: es una imponente estructura de hierro y cristal –apodada *il salotto di Milano* ("el salón de la ciudad")–, centro de la vida local desde 1877 con exclusivas *boutiques* (la tienda original de Prada está aquí) y sublimes restaurantes como **Cracco** (p. 48), una meca culinaria repartida en cuatro plantas.

Siempre abarrotada de día, lo mejor es acudir a última hora de la tarde para empaparse sin distracciones de su encanto. Esto también permite participar en una curiosa tradición local. Solo hay que buscar el mosaico de un toro que hay bajo el octógono acristalado central, apoyar el talón izquierdo sobre sus testículos y dar tres vueltas. ¡Se dice que trae buena suerte!

Maravillarse en las Gallerie d'Italia

MUSEO

PLANO: 4 P. 44 C1

Es fácil pasar una tarde entera descubriendo la enorme colección de arte de la Fondazione Cariplo y el banco Intesa Sanpaolo exhibida en los tres *palazzi* extraordinariamente decorados que conforman las **Gallerie d'Italia** (*galleriedita lia.com/en/milan; adultos/niños 10 €/gratis).* Consagrada a la pintura lombarda del s. XIX (desde Canova a Boccioni), documenta la contribución de Milán al romanticismo patriótico del Risorgimento (período previo a la unificación italiana) y al nacimiento del futurismo. Cantiere del '900 muestra la atrevida obra de algunos de los artistas italianos más importantes de la posguerra (Fontana, Burri, Manzoni) en la antigua sede de la Banca

Commerciale Italiana. El recorrido termina en el Caveau, la antigua cámara acorazada del banco, donde se almacenan los lienzos no exhibidos (solo en visita guiada).

Si se tiene tiempo, se puede pasear por el jardín de Alessandro Manzoni para admirar las esculturas de artistas como Joan Miró y Giò Pomodoro. Su **restaurante/café** *(aimoenadia.com/voce-aimo-e-nadia)*, que comparte gestión con el Aimo e Nadia, es un buen sitio para almorzar. A la galería se accede por Via Manzoni.

Admirar el 'Codex Atlanticus' de Leonardo en la Ambrosiana MUSEO Y BIBLIOTECA

PLANO: 5 P. 44 B3

Abriendo una nueva senda intelectual, el cardenal Federico Borromeo fundó en 1609 una de las mayores bibliotecas de Italia: la **Biblioteca Ambrosiana** *(ambrosiana.it; adultos/niños 16,50/11,50 €)*. Contiene más de un millón de volúmenes y casi 40 000 manuscritos, incluida la valiosísima colección de bocetos de Leonardo da Vinci, el *Codex Atlanticus* (1478-1517). Exhibido en una tenue sala repleta de libros que se visita en último lugar, permite examinar las invenciones de Leonardo emulando a un personaje de una novela de Dan Brown.

La biblioteca se fusiona a la perfección con la **Pinacoteca** (creada 10 años después), que contiene pinturas italianas de los ss. XIV-XX, incluidas joyas renacentistas como *Ritratto di musico* (*Retrato de un músico*; 1485) de Leonardo, el único retrato masculino que hizo; o la increíblemente realista *Canestra di frutta* (*Cesta de fruta;* 1597-1600) de Caravaggio. Escaleras abajo hay una cripta con frescos desvaídos.

Ver arte para la reflexión en el Osservatorio Prada GALERÍA

PLANO: 7 P. 44 C2

En las plantas 5ª y 6ª de la Galleria Vittorio Emanuele II se halla el **Osservatorio Fondazione Prada** *(fondazioneprada.org; adultos/niños 10/5 €),* magnífico complemento a la **Fondazione Prada,** impregnado de su inapelable estilo. Se han conservado los suelos de madera originales (según dicen, a petición de la propia Sra. Prada) y se le ha dotado de un agradable ambiente acogedor, mientras que el resto lo domina el acero.

Las muestras, centradas en la fotografía contemporánea y los nuevos medios, incluyen retrospectivas de figuras como Miranda July o la vídeo-artista Dara Birnbaum. Sus enormes ventanales brindan la oportunidad de observar de cerca la espléndida estructura de acero y cristal de la Galleria. Interesa comprar la entrada combinada *(adultos/niños 15/7,50 €)* si se prevé visitar la Fondazione Prada en un plazo de 14 días.

Para redondear, se recomienda hacer una alto en la **Pasticceria Marchesi 1824** (también propiedad de Prada; p. 49) y echar un vistazo a Fratelli Prada, la tienda primigenia de la marca, en la planta baja.

Quedar estupefacto ante el Santuario di San Bernardino alle Ossa IGLESIA

PLANO: 8 P. 44 **E3**

Pese a parecer una iglesia cualquiera, siguiendo el pasillo a la derecha de la entrada se topará con una escena espeluznante: el **osario** del **Santuario di San Bernardino** *(sanbernardinoalleossa.it; gratis)*, cubierto de huesos humanos.

Los huesos, colocados con un cuidado desconcertante, enmarcan puertas, decoran nichos y trazan formas geométricas, mientras el fresco *Trionfo di anime in un volo di angeli (Triunfo de las almas entre ángeles volando)*, pintado por Sebastiano Ricci en el s. XVII, confiere a la cúpula un resplandor celestial. Juan V de Portugal quedó tan impresionado tras su visita en 1738 que mandó recrearlo en Évora.

La iglesia se yergue sobre el antiguo cementerio donde enterraban a los muertos del cercano Ospedale Maggiore, de ahí la gran cantidad de huesos.

ASOMBROSO TRAMPANTOJO

PLANO: 6 P. 44 **B3**

Para escapar del frenesí comercial de Via Torino basta dirigirse por una bocacalle que conduce a la **Chiesa di Santa Maria Presso di San Satiro.** Acurrucada entre dos edificios, jamás se adivinaría desde fuera que esta diminuta iglesia atesora un espectacular trampantojo. Pintado entre 1472 y 1482, se le atribuye a Donato Bramante, quien, obligado por la falta de espacio, optó por crear una ilusión visual logrando que el ábside del centro de la iglesia (de 90 cm) parezca 10 veces más grande de lo que es en realidad. Resulta especialmente realista visto desde la entrada.

SUGERENCIAS

Lo mejor para...

€ Económico €€ Medio €€€ Alto

Localizaciones en el plano de la **p. 44**

Comer

Dulces y tentempiés

Iginio Massari €
9 C3
Iginio Massari, el pastelero más famoso de Italia, borda dos típicos dulces del norte del país: el *pandoro* de Verona y el *panettone* de Milán. *iginiomassari.it; 8.00-19.30 lu-ju, 8.00-20.00 vi, 8.30-20.00 sa, 9.00-20.00 do*

Panzerotti Luini €
10 D2
Toda una institución de los *panzerotti* (empanadas fritas rellenas de tomate y mozzarela). Las colas, pese a ser largas, avanzan rápido. *luini.it; 10.00-20.00 lu-sa*

Ciacco €
11 B3
Helado galardonado en estado puro, sin aditivos, elaborado por el tecnólogo de alimentos Stefano Guizzetti. Habrá que hacer cola. *ciaccolab.it; 8.00-20.00 lu-vi, 12.00-20.00 sa, 14.00-20.00 do*

'Trattorie' y bistrós

Trattoria da Pino €€
12 F3
Siempre está llena, y con razón: esta rústica *trattoria* sirve generosos platos de bollito *misto* (cocido italiano) y reparadoras pastas a módicos precios. No admiten reservas. *12.00-15.00 lu-vi*

Ciciara €€
13 E4
Insuflando vida a la cocina tradicional italiana, este moderno bistró pone énfasis en la cocina sostenible elaborada con carne de pequeñas granjas, pescado de agua dulce y hortalizas de temporada. *ciciara.it; 12.30-14.30 ma-do, 8-22.30 ma-sa*

Via Stampa €€
14 A4
El joven chef autodidacta que capitanea este elegante bistró se ha forjado un nombre sirviendo sencilla cocina del norte de Italia a partir de ingredientes de primera. *viastampa.it; 8.00-15.00 ma, hasta 24.00 mi-vi, desde 9.00 sa, 12.30-15.00 do*

Con estrellas Michelin

Cracco €€€
15 C2
El celebrado chef Carlo Cracco impone su ley en este templo de cuatro plantas consagrado a la alta cocina; precios en consonancia. *ristorantecracco.it; horario variable*

Horto €€€
16 B2
Con una azotea y una mentalidad ecológica, cualquier comida es aquí especial. *hortorestaurant.com; 8.30-11.30, 12.00-14.30 y 19.00-21.45 do-vi, desde 9.00 sa*

Verso €€€
17 C2
Liderado por dos hermanos chefs, cabe esperar fresquísimos ingredientes de temporada, innovadores sabores italianos y platos presentados con garbo. *ristoranteverso.com; 12.30-14.00 y 19.30-22.00 ju-lu*

Beber

Cafés a la vieja usanza

Pasticceria Marchesi 1824

18 C2

Precioso y coqueto establecimiento de Prada, que invita a sentarse en una silla de velvetón con un café acompañado de delicados *petit fours. pasticceriamarchesi.com; 7.30-21.00 lu-sa, 8.30-21.00 do*

Giacomo Caffè

19 D3

Bajo los arcos del Palazzo Reale aguarda este adorable café de época con una tranquila sala superior de lectura. *giacomomilano.com; 8.00-19.30 vi-mi, hasta 22.30 ju*

Cócteles y 'aperitivo'

Camparino in Galleria

20 C2

Bar *art nouveau* que lleva desde 1915 sirviendo excelentes cócteles a base de Campari en un espacio con arañas de luces de hierro fundido y paredes con enormes espejos decorados con mosaicos de pájaros. *camparino.com; 8.00-23.00 lu-sa, hasta 22.00 do*

Colibrí

21 E4

Bohemio café donde disfrutar de una comida informal o de una copa bajo el firmamento. Además, tiene una pequeña librería. *colibri milano.it; 9.00-22.00 lu, hasta 24.00 ma-vi, desde 16.00 sa*

Comprar

Moda y accesorios

La Rinascente

22 D2

Desde marcas de lujo a creaciones *made in* LA, los grandes almacenes más prestigiosos de Milán no defraudan. En el sótano hay artículos de diseño y, en la 7ª planta, productos de la tierra ideales como regalo. *rinascente.it; 10.00-21.00 do-ju, hasta 22.00 vi-sa*

Wait & See

23 A4

En la tienda de Uberta Zambeletti priman las prendas eclécticas y un juguetón sentido de la moda femenina. Marcas exclusivas comparten espacio con nombres consolidados como Maison Scotch. *waitand see.it; 15.30-19.30 lu, 10.30-19.30 ma-do*

The Cloister

24 B4

Certera moda *vintage*, revistas independientes y libros en un histórico edificio de la década de 1400. *thecloister.store; 15.30-19.30 lu, desde 11.00 ma-sa*

Foto Veneta Ottica

25 A4

Esta óptica de la década de 1930 ofrece un atisbo al pasado, con vitrinas de madera llenas de monturas que abarcan desde modelos mariposa retro de la década de 1960 a gafas Gucci dignas de una diva. *fotovenetaottica.com; 10.00-19.00 lu-sa*

Alimentación

Peck Flagship

26 B3

Histórico deli milanés convertido en un bastión del legado culinario local. Al alucinante despliegue culinario de la planta baja hay que sumar una cava en el sótano. *peck.it; 15.00-19.00 lu, 9.00-19.30 ma-sa*

Giovanni Galli

27 C4

Regentado por la familia Galli desde 1911, es aquí donde los milaneses de clase alta compran dulces artesanales como *marrons glacés. giovanni galli.com; 9.00-19.30 lu-sa, hasta 13.30 do*

CIRCUITO A PIE

Milán histórico

Gobernado por césares, Napoleón y Mussolini, la posición estratégica de la capital lombarda ha propiciado su fascinante historia. La comercial Milán inventó el concepto de ciudad-estado y el Edicto de Milán (313) puso fin a la persecución de los cristianos. Desde sus orígenes romanos a la era industrial, este trazado recorre los escenarios de los episodios más tumultuosos de la ciudad.

INICIO	FINAL	DURACIÓN
Piazza del Duomo	Piazza Castello	3,2 km; 2 h

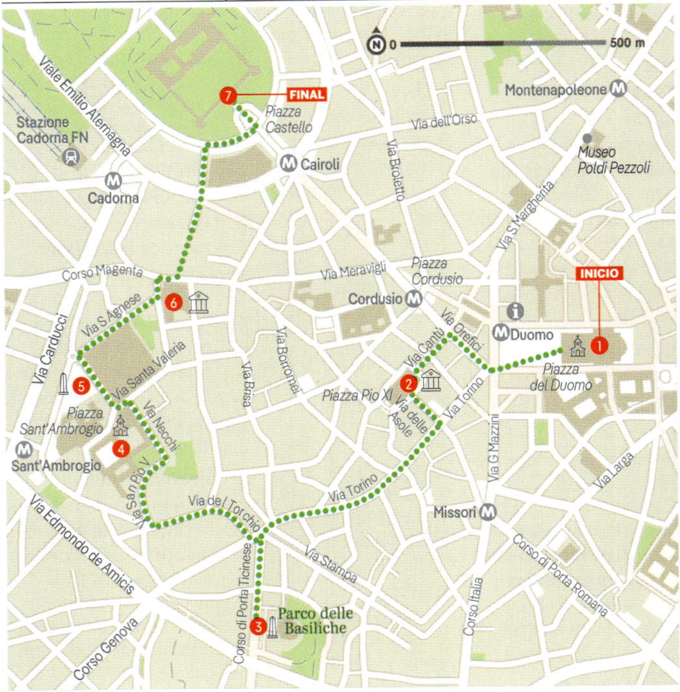

1 El Duomo

Rematado por un panteón de santos de mármol, el impactante **Duomo** (p. 36) es la tercera catedral más grande del mundo. Su construcción (iniciada en 1386) se prolongó durante seis siglos y refleja tanto la ambición como el espíritu innovador de la ciudad.

2 'Codex Atlanticus'

La cercana **Biblioteca Ambrosiana** (p. 46) alberga una impresionante colección de arte, además de una de las bibliotecas más excepcionales del país, fundada en 1609 por el cardenal Federico Borromeo. Ocupa un lugar privilegiado el *Codex Atlanticus* de Leonardo da Vinci, cuyos extraordinarios bocetos y diseños están protegidos por una vitrina.

3 Majestuosas columnas

Por Via Torino se llega al barrio de Ticinese, donde las 16 columnas corintias que hoy integran el pórtico de la **Basilica di San Lorenzo** *(sanlorenzomaggiore.com)* formaron parte en su día de un templo o unos baños romanos. Cerca, en Via Edmondo de Amicis, están las ruinas del anfiteatro.

4 Iglesia histórica

Se sigue hacia la **Basilica di Sant'Ambrogio** (p. 100), erigida sobre una necrópolis paleocristiana para albergar los restos de san Ambrosio, el obispo preferido de Milán y, a la postre, su santo patrón. La mezcolanza en su estilo románico lombardo dice mucho de su dilatada historia.

5 Monumento conmemorativo

Construido en recuerdo a los soldados caídos durante la I Guerra Mundial, el **Tempio della Vittoria** es un mausoleo de estilo fascista diseñado por Giovanni Munzio. En sus columnas aún se aprecia el *fascio littorio* (el haz de varas fascista).

6 Murallas romanas

El viajero retrocederá a la Milán romana (Mediolanum) en el **Civico Museo Archeologico** (p. 105), en un antiguo monasterio del s. VIII, con secciones de las murallas romanas de la ciudad, además de preciados restos de cristal, objetos funerarios y joyas.

7 Imponente castillo

El paseo termina en el **Castello Sforzesco** (p. 76), un castillo con torreones de ladrillo rojo que encarna el camaleónico instinto de supervivencia de Milán. Sede de varios museos en la actualidad, documenta el ascenso y el ocaso de las fortunas de la ciudad, con varias salas pintadas al fresco por Leonardo da Vinci.

Sugerencias de lugares para comer, beber y comprar en **p. 66**

Explora

Quadrilatero d'Oro y Porta Venezia

El Quadrilatero d'Oro es, desde 1800, la zona más prestigiosa de la ciudad, un imán para los amantes de las marcas de lujo de todo el mundo. Delimitado por cuatro calles, el "cuadrilátero" está repleto de casas de moda, además de históricas casas-museo, restaurantes y encantadoras calles adoquinadas. Porta Venezia, al noreste, tienta con su arquitectura *art nouveau* y un coqueto jardín decimonónico, si bien es su ambiente creativo y multicultural lo más seductor. Restaurantes eritreos y supermercados indios conviven con enotecas, bistrós y una pequeña pero briosa zona LGTBIQ+.

Cómo desplazarse

Metro

La línea M3 (amarilla) lleva al Quadrilatero d'Oro (salida Montenapoleone). Para ir al extremo sur del jardín, Villa Reale (o Villa Belgiojoso) y el Museo de Historia Natural se toma la M1 (roja) hasta Palestro; para el norte hay que apearse en Porta Venezia. Para Corso Buenos Aires y el Museo Boschi di Stefano, hay que bajarse en Lima (M1).

Tranvía

El nº 1 es muy práctico para ir al Quadrilatero d'Oro. Los nº 1, 9 y 33 cruzan Porta Venezia.

Porta Venezia.
LINDASKY76/SHUTTERSTOCK ©

★

LO MEJOR

VILLA RACIONALISTA
Villa Necchi Campiglio (p. 54)

'APERITIVO' DE DISEÑO
Bar Basso (p. 62)

BARRIO DE ALTA COSTURA
Quadrilatero d'Oro (p. 58)

EXTRAVAGANTE CASA MUSEO
Museo Bagatti Valsecchi (p. 61)

BARES DE AMBIENTE
Via Lecco (p. 65)

★ IMPRESCINDIBLE

Villa Necchi Campiglio

Se puede ver cómo vivían las clases altas milanesas en la década de 1930 en esta exquisita **villa** en la que racionalismo y *art déco* van de la mano. Mandada construir por Nedda y Gigina Necchi y Angelo Campiglio (marido de esta), el diseño, obra del talentoso arquitecto Piero Portaluppi, evoca las fantasías modernistas de la capital lombarda.

PLANO: P. 60 **C4**

CONSEJO
Para una perspectiva más profunda se recomienda la visita guiada (1 h, aprox.). De lo contrario, recorrerla ocupa 40-80 min, según la prisa que se dé cada cual.

Escanea este código QR para conocer los horarios y reservar entradas.

Familia Necchi Campiglio

Los acaudalados empresarios Nedda, Gigina y Angelo descubrieron un solar una noche tras salir de La Scala, y enseguida decidieron construir en él su casa. Allí vivieron durante más de 60 años, y su mobiliario y efectos personales ofrecen una visión formidable de su época, desde los uniformes de las criadas a los echarpes de Dior de Nedda o las fotografías enmarcadas de los distinguidos invitados que solían recibir, incluidos miembros de la realeza europea.

Diseño de Portaluppi

El celebrado arquitecto milanés Portaluppi tuvo carta blanca para crear la villa, y su inconfundible toque personal se observa por doquier, desde el ventanuco con forma de estrella de la fachada (un guiño al planetario que había culminado cinco años antes) hasta su distintivo (y recurrente) patrón de rombos. Los entusiastas del racionalismo quedarán embelesados ante sus limpias líneas geométricas y sublimes detalles. Una vez las obras terminaron, en 1935, la villa se consideró paradigma del lujo moderno, son pista de tenis, piscina, calefacción central y persianas eléctricas.

Remodelación de Buzzi

Por desgracia, la familia Necchi Campiglio no tardó en cansarse de la severa elegancia de Portaluppi. Y

WIRESTOCK CREATORS/SHUTTERSTOCK ©

apenas tres años después, le encargaron a Tomaso Buzzi que suavizara el aspecto de su hogar. Añadió cortinas con flecos y bastidores a las ventanas, una araña de luces estilo Luis XV y detalles del s. XVIII, en línea con la moda de entonces y las villas de la aristocracia milanesa. Las habitaciones que remodeló presentan un marcado contraste respecto a las que conservan su estilo original.

Obras de arte

Esparcidas por la propiedad se encuentran varias obras de arte cuidadosamente instaladas. En su mayoría fueron donadas por tres personas: Claudia Gian Ferrari, Alighiero y Emilietta de' Micheli, y los herederos de Guido Sforni. Se llevan la palma las sensacionales piezas de Morandi y De Chirico, sumadas a unas cuantas obras en papel de Picasso y Matisse.

UNA PAUSA
En la villa hay un **café** donde emular al trío Necchi-Campiglio tomando algo junto a la piscina o cerca de las pistas de tenis.

CIRCUITO A PIE

Paseo por Porta Venezia

En Porta Venezia, las villas estilo Liberty quedan a tiro de piedra de bullangueros bares engalanados con la bandera arcoíris, bistrós, restaurantes internacionales y locales veganos. Las familias abarrotan los fines de semana los históricos Giardini Pubblici Indro Montanelli, mientras que al atardecer los progres se citan en Via Melzo, corazón de la vida nocturna.

INICIO	FINAL	DURACIÓN
Villa Necchi Campiglio	Via Melzo	2,8 km; 2 h

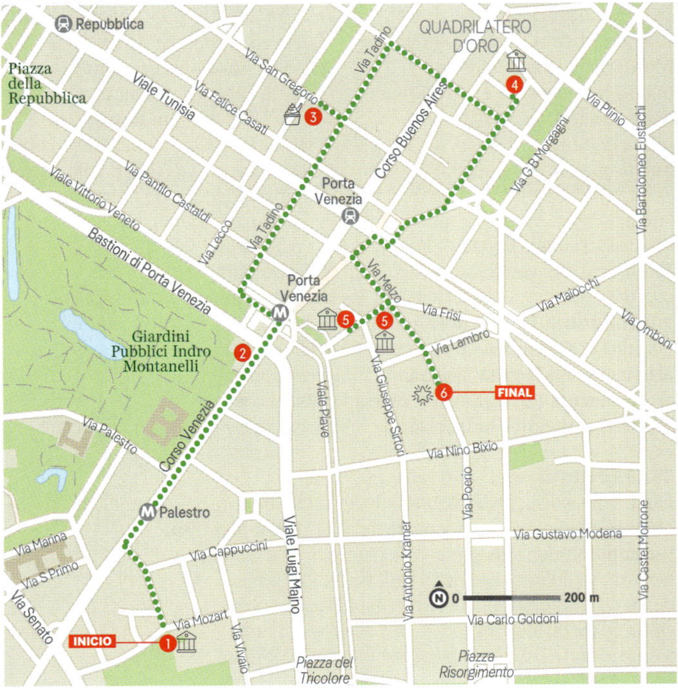

1 Una villa de los años treinta

Aunque el característico estilo *art déco* y rigor racionalista de Piero Portaluppi anida por doquier, quizá su obra cumbre sea la elegante y minimalista **Villa Necchi Campiglio,** concebida para dos herederas de una familia pudiente. Considerada el súmmum del lujo cuando fue terminada en 1935, en su día contaba con la primera piscina privada de Milán y modernidades tales como persianas eléctricas.

2 Planetario de Portaluppi

En los Giardini Pubblici Indro Montanelli, la astronomía ha encontrado su sitio en el **Civico Planetario Ulrico Hoepli** *(lofficina.eu; adultos/niños 5/3 €),* el mayor planetario de Italia. Vale la pena echar un vistazo a su fachada -en apariencia austera- por sus elementos *art déco* y su curioso despliegue de constelaciones.

3 Helado 100% natural

Una magnífica opción para tomar algo dulce es **Gelato Giusto,** donde además de elaborar a diario uno de los mejores helados de la ciudad -a base de ingredientes frescos de temporada, sin colorantes ni conservantes artificiales-, ofrecen sabores clásicos y originales, como lima o salvia.

4 Casa museo escondida

Se echa un vistazo al apartamento de una familia de la alta burguesía de antaño en la **Casa Museo Boschi di Stefano,** con una ingente colección de arte italiano del s. xx, cargada de joyas futuristas y metafísicas. A los lienzos de Boccioni, Sironi, Manzoni o De Chirico, se suman los sensacionales toques *art nouveau* de Piero Portaluppi.

5 'Art nouveau' a tutiplén

De regreso al parque se verán dos sublimes edificios de estilo Liberty en Via Malpighi. La **Casa Galimberti** (nº 3), con su exterior decorado con azulejos de voluptuosas figuras entre un exuberante follaje, es un fantástico batiburrillo de colores y motivos; mientras que la **Casa Guazzoni** (nº 10) despunta por sus balcones de hierro forjado y sus bustos femeninos.

6 Correrías nocturnas

Se termina en **Via Melzo,** el eje central de la oferta noctámbula de Porta Venezia. Las suculentas creaciones del vistoso **Røst** o de la clásica **Osteria alla Concorrenza** son ideales para tapear o cenar algo ligero. La zona abunda en bares de todo tipo. Los entusiastas del vino estarán en su elemento en **Vineria Eretica.**

CIRCUITO A PIE

Comprar como un milanés

Quienes sientan predilección por la moda no pueden perderse el **Quadrilatero d'Oro,** el barrio comercial más famoso del mundo, una pintoresca sección cuadrangular de calles adoquinadas, repletas de famosas marcas italianas. Aunque no se vaya a comprar nada, es muy recomendable ver tanto los elaborados escaparates como el trasiego.

INICIO	FINAL	DURACIÓN
Portrait Milan	Via della Spiga	1,2 km; 50 min

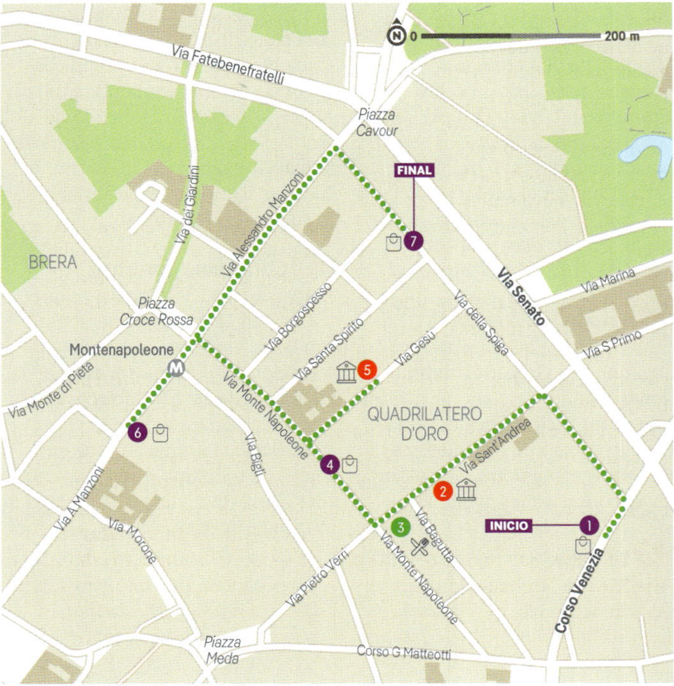

1 Seminario del siglo XVI

Se arranca en **Portrait Milan,** un arrebatador espacio comercial con un hotel de lujo en un antiguo seminario del s. XVI. Aunque el presupuesto no alcance, vale la pena acercarse solo por caminar bajo sus espectaculares soportales y ver las envidiables prendas de **Antonia.**

2 Estilo aristocrático

Se enfila hacia el **Palazzo Morando** *(comune.milano.it/web/palazzo-morando)* para asomarse (gratis) a la vida de una familia de aristócratas del s. XVIII. Las estancias de la que fuera casa de la condesa Bolognini están llenas de florituras rococó, revestimientos de madera dorada y óleos antiguos, amén de obras de arte que muestran la evolución del paisaje urbano de Milán entre los ss. XVII y XIX.

3 Un café muy distinguido

Luego hay que mimarse con un café y un trozo de tarta en **Pasticceria Cova,** que brinda una imagen inequívoca del glamur de la milla de oro. Abierto en 1817 por Antonio Cova, un soldado de Napoleón, es el café más antiguo del lugar, hoy propiedad de LVMH.

4 La calle más lujosa de Milán

Via Monte Napoleone siempre ha sido sinónimo de elegancia y dinero (el gobierno de Napoleón gestionaba créditos aquí). Es la calle más importante del Quadrilatero y en ella se aglutinan los escaparates más despampanantes de marcas de moda de lujo.

5 Renovado estilo renacentista

Hoy conocido como el **Museo Bagatti Valsecchi,** el que fuera hogar de los hermanos Fausto y Giuseppe Bagatti Valsecchi es un verdadero santuario renacentista con toques personales aquí y allá. Diseñado entre 1878 y 1887, el asombroso detallismo de la decoración y el mobiliario reflejan la determinación de estos por recrear el estilo del Renacimiento.

6 Sugerente Alessi

Por Via Manzoni se encontrará la tienda insignia de **Alessi.** Fundada en Omegna en 1921, sus utensilios y menaje del hogar es obra de algunos de los mejores diseñadores del planeta.

7 El encanto de Via Spiga

Via della Spiga es quizá el atractivo estrella del barrio de la moda, ideal para recorrer a pie por el encanto que rezuma su empedrado y la mezcla de grandes marcas y tiendas de artesanos. **Marsèll** es de visita obligada para adquirir buenos mocasines de piel y modernas bailarinas hechas a mano.

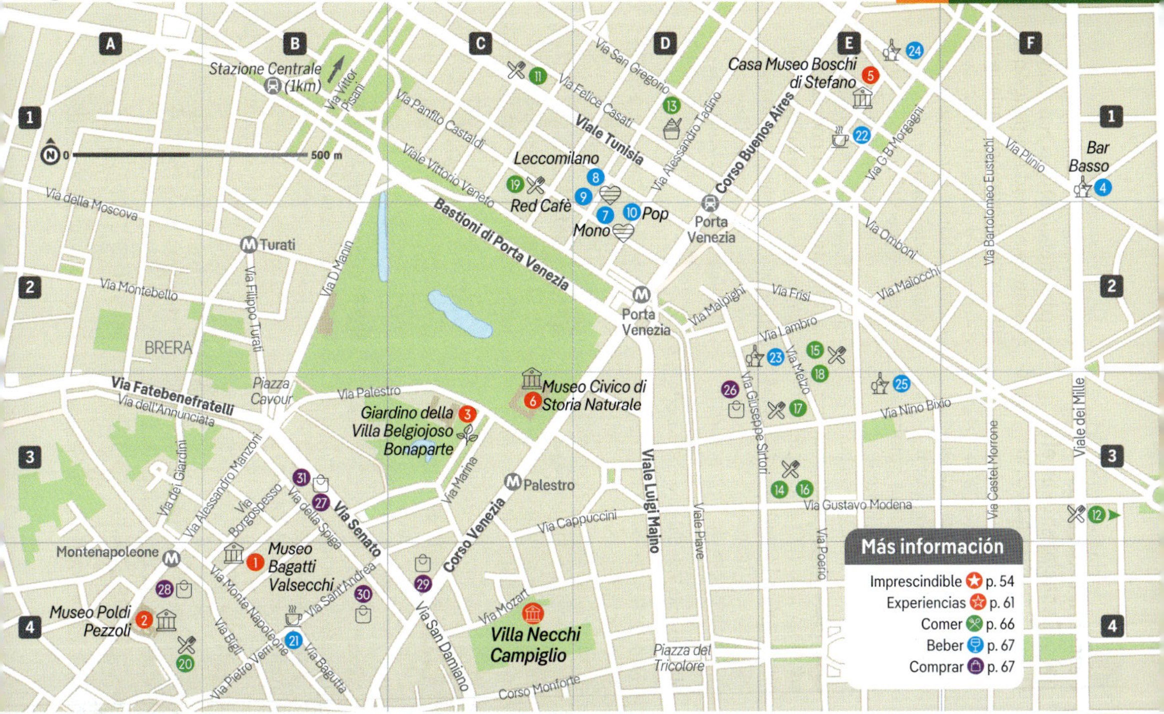
Stazione Centrale (1km)
Via Vittor Pisani
Via Panfilo Castaldi
Viale Vittorio Veneto
Via Felice Casati
Via San Gregorio
Viale Tunisia
Via Alessandro Tadino
Corso Buenos Aires
Casa Museo Boschi di Stefano
Via G B Morgagni
Via Bartolomeo Eustachi
Via Plinio
Bar Basso
Leccomilano
Red Cafè
Pop
Mono
Porta Venezia
Bastioni di Porta Venezia
Turati
Via della Moscova
Via Montebello
Via Filippo Turati
Via D Manin
BRERA
Via Fatebenefratelli
Via dell'Annunciata
Piazza Cavour
Via Palestro
Giardino della Villa Belgiojoso Bonaparte
Museo Civico di Storia Naturale
Via Omboni
Via Maiocchi
Via Frisi
Via Malpighi
Via Lambro
Via Melzo
Via Giuseppe Sirtori
Via Nino Bixio
Viale dei Mille
Via Castel Morrone
Via Gustavo Modena
Via Poerio
Viale Piave
Viale Luigi Majno
Palestro
Via Marina
Via Cappuccini
Corso Venezia
Via Senato
Via della Spiga
Via Borgospesso
Via Alessandro Manzoni
Via dei Giardini
Montenapoleone
Museo Bagatti Valsecchi
Via Monte Napoleone
Via Sant'Andrea
Via Bigli
Via Pietro Verri
Via Bagutta
Museo Poldi Pezzoli
Via San Damiano
Via Mozart
Villa Necchi Campiglio
Corso Monforte
Piazza del Tricolore
0
500 m
Más información
Imprescindible p. 54
Experiencias p. 61
Comer p. 66
Beber p. 67
Comprar p. 67

EXPERIENCIAS

Descubrir la obsesión por el Renacimiento en el Museo Bagatti Valsecchi MUSEO

PLANO: 1 P. 60 **B4**

Pese a haber nacido varios siglos tarde, los hermanos Fausto y Giuseppe Bagatti Valsecchi estaban decididos a ser hombres renacentistas. No en vano, entre 1878 y 1887 construyeron su **casa** *(museobagattivalsecchi.org; adultos/niños 12/2 €)* cual templo consagrado al Quattrocento y a las corrientes artísticas del s. XVI. Su decoración al estilo de un palacio ducal conjuga mobiliario, tapices y cuadros renacentistas con nuevos elementos realizados a petición de ellos, como el extraordinariamente realista artesonado del dormitorio de Fausto, hecho con papel maché por un escenógrafo de La Scala.

Recorrer las diferentes estancias evoca la pasión renacentista de los hermanos, que raya en lo obsesivo. ¿De qué otra manera podría explicarse que Giuseppe ocultara el piano de su esposa en un ropero renacentista o que una fuente de mármol de época terminara usán-

Giardino della Villa Belgiojoso Bonaparte (p. 62).
ANDREA GRACIS/SHUTTERSTOCK ©

UN JARDÍN DE FÁBULA PARA NIÑOS

PLANO: 3 P. 60 **C3**

Frente a los Giardini Pubblici Indro Montanelli se halla este jardín inglés que pareciera que solo los lugareños conocen. Lo que lo hace diferente es que solo admiten a menores de 12 años acompañados de un adulto. Diseñado por Leopoldo Pollack, discípulo de Giuseppe Piermarini (artífice a su vez de numerosos edificios neoclásicos de la ciudad), el **Giardino della Villa Belgiojoso Bonaparte** es un coqueto enclave que invita a pasear por sus senderos y pequeños puentes sobre estanques llenos de patos. Contiene, además, varias esculturas notables, entre ellas la macabra *Trilogía: el santo, el joven y el sabio,* de Adolfo Wildt.

dose como bañera? Pero lo más increíble de todo es que la familia siguió viviendo en esta cápsula del tiempo hasta 1975.

Admirar la casa de un entusiasta del arte en el Museo Poldi Pezzoli MUSEO

PLANO: 2 P. 60 **A4**

A los 24 años, Gian Giacomo Poldi Pezzoli había heredado la fortuna de su familia y la pasión de su madre por el arte. Tras viajar exhaustivamente por Europa para empaparse de las corrientes artísticas del momento, transformó su hogar en un conjunto de salas temáticas conforme a las principales épocas artísticas. Así, se convirtió en el telón de fondo ideal para su colección de arte y antigüedades. El estudio Dante era donde Pezzoli guardaba sus joyas y relojes, mientras que la sala Dorada –de estilo renacentista– custodiaba sus obras más preciadas.

Su casa alberga hoy el **Museo Poldi Pezzoli** *(museopoldipezzoli.it; adultos/niños 14/6 €).* Y aunque algunas de las decoraciones originales no sobrevivieron a los bombardeos de 1943, las salas siguen siendo exquisitas obras de arte. Repletas de cristalerías de época, porcelana, armas y tapices, también están engalanadas con cuadros de maestros renacentistas como Botticelli, Mantegna, Giovanni Bellini y Francesco Hayez.

Probar el 'negroni sbagliato' del Bar Basso BAR

PLANO: 4 P. 60 **F1**

Disfrutar de una juerga en el **Bar Basso** *(barbasso.com)* es un rito de iniciación para muchos milaneses. Más que un bar, es una institución, pues además de haber introducido el concepto de *aperitivo,* aquí se inventó el popular *negroni sbagliato.*

Se dice que Mirko Stochetto, su dueño (y creador), estaba preparando un *negroni* clásico cuando,

EBRIMINI/SHUTTERSTOCK ©

Museo Poldi Pezzoli.

por error, utilizó *prosecco* en vez de ginebra (de ahí el nombre de *sbagliato;* literalmente, "equivocado" en italiano). El trago, que inmediatamente causó furor, se sirve en un vaso bajo con hielo cortado a mano. Por supuesto, hay muchos otros cócteles a elegir (499, para ser más precisos), pero este nunca falla. También acompaña su marco genuinamente retro, con toques de elegancia como una enorme araña de luces o sus camareros ataviados con pajarita negra.

El bar es local de referencia durante la Semana del Diseño, cuando el gentío inunda la calle hasta las tantas.

Echar un vistazo a la Casa Museo Boschi di Stefano MUSEO

PLANO: 5 P. 60 **E1**

En un apartamento de la década de 1930 que conserva su aspecto original de hogar de la alta burguesía se encuentra la **Casa Museo Boschi di Stefano** *(casamuseo boschidistefano.it; gratis),* el museo de pintura italiana del s. XX más excéntrico de Milán. Lo diseñó Portaluppi, el arquitecto preferido de la ciudad, y perteneció a Antonio Boschi y Marieda di Stefano, dos amantes del arte (y de los gatos, a juzgar por sus retratos gatunos) que dedicaron 50 años a reunir su colección.

Abarrotado de obras de arte, el espacio está estructurado en orden cronológico. Hay una sala dedicada íntegramente al Novecento italiano, donde pueden verse las dinámicas pinceladas de Boccioni impulsando la pintura hacia el futurismo; otra centrada en los taciturnos óleos de Mario Sironi; y, por supuesto, también hay espacio para las oníricas obras metafísicas de De Chirico, concretamente en la sala de la Escuela de París. La visita concluye con dos lienzos minimalistas firmados por Piero Manzoni.

Los entusiastas de Portaluppi pueden ver aquí otra de sus casas, en la que destacan sus bellas puertas acristaladas de estilo *art déco*.

Curiosear en el Museo Civico di Storia Naturale MUSEO

PLANO: 6 P. 60 C3

El **Museo Civico di Storia Naturale** *(museodistorianaturale milano.it; adultos/niños 5 €/gratis)* está lleno de curiosos dioramas an-

Museo Civico di Storia Naturale.
C MARIZ/SHUTTERSTOCK ©

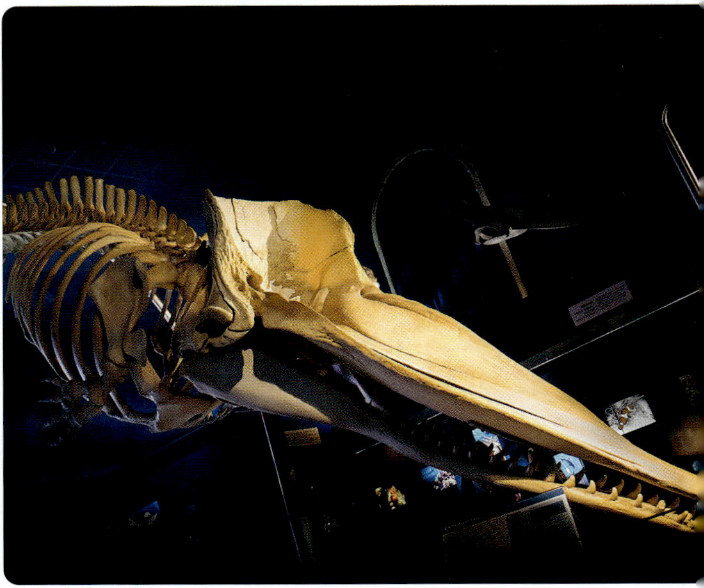

tiguos de escenas faunísticas, como un grupo de tortugas gigantes en un atolón o un tigre de Bengala avanzando sigilosamente hacia una familia de ciervos moteados. No faltan fósiles, desde el enorme esqueleto de un *T. Rex* a dos espectaculares cangrejos araña japoneses de 4 m de longitud, conservados desde hace más de 150 años.

Fundado en 1836, su colección -que comprende desde dinosaurios a minerales, pasando por la evolución humana- comenzó a partir de un donativo de Giorgio Jan y el naturalista Giuseppe De Cristoforis, pero con los años fue creciendo considerablemente. Constituye una divertida actividad para disfrutar en familia. Basta buscar el despampanante edificio neorrománico que ocupa en los Giardini Pubblici Indro Montanelli.

De bares por la zona LGTBIQ+

BAR

Las paredes decoradas con la bandera arcoíris de la estación de metro de Porta Venezia disiparán cualquier duda a quienes no lo tuvieran claro ya: esta es la zona predilecta de la comunidad LGTBIQ+ local. Concentrada en torno a **Via Lecco** (que eclosiona durante los festejos del Orgullo), aquí se encontrarán multitud de locales de ambiente.

Mono (PLANO: 7 P. 60 **D2**), parte indisoluble de la esencia del barrio, es uno de los primeros bares gais de la zona. Con casi 20 años de historia, se dice que por sus puertas han pasado desde Chloë Sevigny a Blonde Redhead. Calle abajo se encuentra el descaradamente hedonista **Leccomilano** (*leccomilano.it;* PLANO: 8 P. 60 **D1**), conocido por su actitud desenfadada; a un paso queda **Red Cafè** (PLANO: 9 P. 60 **D1**), una exitosa propuesta que, además de barato y relajado, es decididamente amanerado. Pruébese también **Pop** (*pop-milano.it;* PLANO: 10 P. 60 **D2**), en la cercana Via Tadino, que se anuncia como una coctelería transfeminista.

SUGERENCIAS

Lo mejor para...

€ Económico €€ Medio €€€ Alto

Localizaciones en el plano de la **p. 60**

Comer

Dulces y 'gelato'

Pavé €
11 C1
Seduce con tentaciones como cruasanes rellenos de crema o irresistibles tartas con ganache de chocolate. *pavemilano.com; 8.00-19.00*

Pan €
12 F3
La exitosa apuesta de Yoji Tokuyoshi (antiguo chef de la elogiada Osteria Francescana) aúna sabores japoneses y repostería europea. *panmilano.com; 8.00-17.00 lu y mi-vi, 8.30-17.00 do*

Gelato Giusto €
13 D1
Además de estar todo hecho a mano con ingredientes de cercanía 100% naturales, Vittoria, su dueña, está en una continua búsqueda de nuevos sabores, como romero o crumble. *gelatogiusto.it; 12.00-21.30 ma-do*

Comer por poco

Crosta €
14 E3
Conocido por sus galardonadas *pizzas* y crujientes panes, ideales como fuente de carbohidratos a cualquier hora del día. *crosta.eu; 8.00-22.00*

Warsa €€
15 E2
Sirve auténticos curris eritreos (de lentejas, ternera o pescado) sobre *injera* (pan plano). *ristorantewarsa.com; 12.00-15.00 ma y ju-do, 19.00-23.30 do-lu*

Latteria la Cicala €
16 E3
Joya retro donde disfrutar de la cocina casera de Anna, esa especie de tía hippie. *8.00-18.00 lu-vi, hasta 15.00 sa*

Para picar

Røst €€
17 E3
Deliciosas recetas como *mondeghili* (albóndigas) o crema de bacalao para untar hacen de Røst una apuesta ganadora. *rostmilano.com; 19.00-23.00 ma-do, 12.30-14.30 vi, 12.30-15.00 sa y do*

Osteria alla Concorrenza €€
18 E3
El siempre abarrotado segundo establecimiento del chef Diego Rossi no deja de recibir elogios por sus vinos y platillos. *osteriaallaconcorrenza.superbexperience.com; 18.00-24.00 lu-vi, desde 12.00 sa*

Comidas memorables

Joia €€€
19 C1
Premiado con una estrella Michelin, el restaurante de Pietro Leemann es una delicia capaz de elevar la cocina vegetariana a cotas desconocidas. *joia.it; 12.30-14.00 ma-vi, 19.30-21.15 ma-sa*

L'Antico Ristorante Boeucc €€€
20 A4
El restaurante más antiguo de Milán lleva desde 1696 deleitando a los comensales con su cocina tradicional milanesa, decoración refinada y un servicio cortés propio de otra época. *boeucc.it; 12.30-14.30 lu-vi, 19.30-23.30 lu-sa*

Beber

Cafés

Pasticceria Cova

21 B4

Con 200 años a la espalda, el bar más histórico del Quadrilatero (hoy propiedad de LVMH) es perfecto para tomar té con sándwiches entre gente a la moda. *pasticceriacova.com; 8.30-20.00 lu-sa, 9.30-19.30 do*

Orsonero Coffee

22 E1

La pasión de Brent Jopson por los tuestes de origen único queda más que patente en este local a la cabeza del incipiente panorama cafetero milanés de la tercera ola. *orsonerocoffee.it; 8.00-17.00 ma-vi, 9.00-17.00 sa, 9.00-13.00 do*

Cócteles, cerveza y vino

Bar Picchio

23 E2

Este bar familiar lleva más de medio siglo siendo el epicentro de la vida nocturna de Porta Venezia por su encanto setentero, consumiciones baratas y afable personal. *18.30-1.00 lu-sa*

Bene Bene Bar

24 E1

Su aspecto elegante y espectacular sistema de sonido atraen a una clientela de corte creativo. *19.00-1.00 lu-do*

Vineria Eretica

25 E3

Aquí prima el vino natural y artesano de productores independientes. Pídase una copa (6-8 €) acompañada, p. ej., de *focaccia*. *vineriaeretica.it; 18.00-23.30 lu-sa*

Comprar

Muebles, diseño y revistas

Frab's Magazines & More

26 D3

De servicio amable, ofrece revistas independientes, tanto comerciales como más marginales, y montones de títulos en inglés. *frabsmagazines.com; 11.00-20.00*

Nilufar Gallery

27 B3

Comisionada por la inimitable Nina Yashar, es quizá la mejor galería de diseño coleccionable de la ciudad, con muebles fascinantes e iluminación de diseñadores consolidados y emergentes. *nilufar.com; 15.00-19.00 lu, 10.00-19.00 ma-sa*

Alessi

28 A4

Este referente italiano del diseño ha lanzado al mercado unos 22 000 utensilios concebidos por algunos de los principales arquitectos-diseñadores del mundo. *alessi.com; 10.00-19.00*

Fornasetti

29 C4

Dotado del estilo caprichoso del diseñador milanés Piero Fornasetti, aquí se descubrirán muebles decorativos y menaje con sus característicos gráficos y el rostro de su musa. *fornasetti.com; 15.00-19.00 lu, 10.00-19.00 ma-sa*

Moda

Antonia

30 B4

Impermeables Nike, bolsos Jacquemus... Hay de todo en esta vanguardista tienda alojada en un deslumbrante seminario del s. XVI. *antonia.it; 10.30-19.30 lu-do*

Marsèll

31 B3

Refinada línea de calzado y bolsos de piel cortesía de tres hermanos. *marsell.com; 10.00-19.00 lu-sa*

CIRCUITO A PIE

Ruta arquitectónica

Desde galerías comerciales neoclásicas a *palazzi* barrocos, pasando por bulevares decimonónicos con edificios estilo Liberty y villas racionalistas, el batiburrillo de estilos arquitectónicos denota la incansable evolución de Milán hasta convertirse en una metrópolis moderna. Este recorrido, que culmina en el Bosco Verticale, permite verlo todo.

INICIO	FINAL	DURACIÓN
Torre Velasca	Bosco Verticale	6 km; 3 h

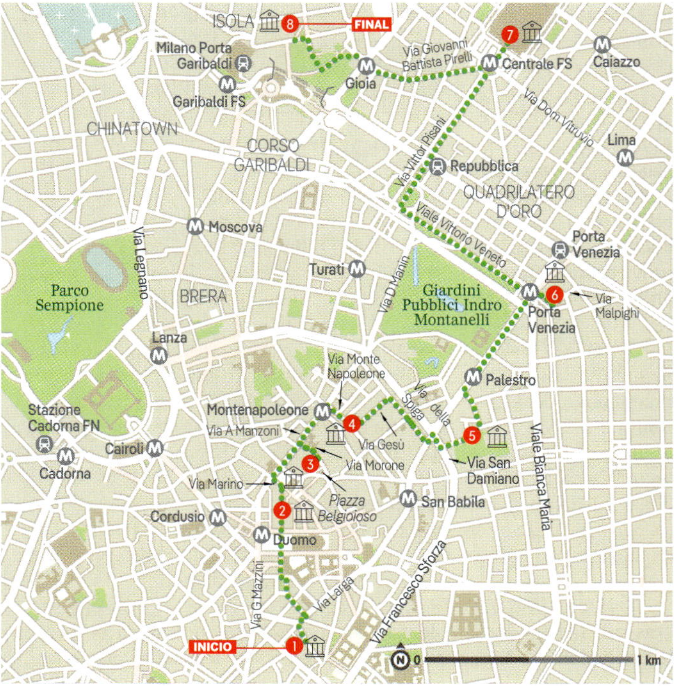

❶ Un icono controvertido

La **Torre Velasca,** el rascacielos de 1958 que aloja Studio BBPR, es un habitual en las listas de los edificios más feos del mundo. Pese a ello, su característica forma de champiñón inspirada en las fortalezas medievales es única.

❷ El centro comercial por antonomasia

La **Galleria Vittorio Emanuele II** (p. 45), una estructura de hierro y cristal, es el precursor del moderno centro comercial. Es desde 1861 un centro de la actividad social de la ciudad, con algunos de los comercios y cafés más antiguos de Milán.

❸ Casa de gigantes

Al norte aparece la impresionante **Casa degli Omenoni** ("casa de los Telamones"), residencia de un artista del s. XVI con un balcón sostenido por gigantes que se convirtieron en un referente de la arquitectura decorativa milanesa.

❹ Barrio de la alta costura

Se suceden las mansiones señoriales convertidas en tiendas al caminar por Via Monte Napoleone, el corazón del ostentoso **Quadrilatero d'Oro** (p. 58). No hay que perderse el **Museo Bagatti Valsecchi** (p. 61), con su fabulosa decoración de inspiración renacentista.

❺ Mansión racionalista

Tras la I Guerra Mundial, los arquitectos de Milán adoptaron el osado estilo modernista. Ninguno destacó tanto como Piero Portaluppi, cuya distintiva versión del *art déco* y el racionalismo se ve por toda la ciudad, muy especialmente en la **Villa Necchi Campiglio** (p. 54), una lujosa mansión de la década de 1930.

❻ Joya del estilo Liberty

Trazando el límite oriental de los Giardini Pubblici, Corso Venezia está jalonada de *palazzi* neoclásicos y Liberty. En el nº 3 de Via Malpighi está la **Casa Galimberti,** ejemplifico perfecto con su fachada decorada con azulejos.

❼ Estación de estética fascista

El estilo fascista de la **Stazione Centrale,** adornada con caballos alados, medallones y revestimiento de mosaicos, parece más mesopotámico. Erigida con unas proporciones descomunales, fiel a la monumentalidad del *fascio,* es la estación de trenes más grande del país. Enfrente se yergue la **Torre Pirelli** (1955-1960) de Gio Ponti, que se eleva grácilmente como queriendo horadar el cielo.

❽ Torre arbórea

En el parque se encuentra el altísimo **Bosco Verticale** (p. 91), magnífico ejemplo de arquitectura innovadora. Lo diseñó Boeri Studio y ha sido premiado por representar un excelente modelo de construcción residencial sostenible.

Sugerencias de lugares para comer, beber y comprar en **p. 82**

Explora

Brera y Parco Sempione

Las calles empedradas y edificios antiguos de Brera son un recordatorio de que Milán no siempre fue una moderna metrópolis. El corazón del barrio es el Palazzo di Brera, antiguo colegio jesuita ocupado desde 1776 por la Academia de Bellas Artes. Ha atraído tradicionalmente a artistas, escritores e intelectuales a la zona, lo que da a Brera un encanto bohemio que perdura pese a las *boutiques* y restaurantes de moda que llenan sus callejas. El soberbio Castello Sforzesco, al oeste, asoma sobre el parque más grande de la ciudad, el Parco Sempione.

Cómo desplazarse

Metro

Para la Pinacoteca di Brera, la línea M3 (amarilla) hasta Montenapoleone o la M2 (verde) hasta Lanza. Para el castillo y el parque, hay que bajar en Cairoli, en la M1 (línea roja), o en Lanza, en la M2 (verde). Para la Triennale, se va hasta Cadorna, en la M1 (roja) y M2 (verde).

Tranvía

El nº 1 lleva a la comercial Via Vetero, así como al Castello Sforzesco y el Arco della Pace.

Parco Sempione.
OLRAT/SHUTTERSTOCK ©

LO MEJOR

COLECCIÓN DE VIEJOS MAESTROS
Pinacoteca di Brera (p. 72)

ESTUDIO DE DISEÑO
Fondazione Achille Castiglioni (p. 81)

CASTILLO MEDIEVAL
Castello Sforzesco (p. 76)

DISEÑO ITALIANO
Triennale di Milano (p. 81)

'PIZZA' GALARDONADA
Denis (p. 82)

★ IMPRESCINDIBLE

Pinacoteca di Brera

Subiendo las escaleras desde la prestigiosa escuela de arte del Palazzo di Brera se accede a esta **galería** con una importante colección robada en su mayoría por Napoleón durante sus campañas en Italia. Grandes como Rubens, Goya y Van Dyck tienen cabida aquí, pero su principal reclamo son los artistas patrios, incluidos Tiziano, Tintoretto, El Veronés y los hermanos Bellini.

PLANO: P. 80 **E3**

CONSEJO
La Pinacoteca tiene un tamaño ideal: no peca ni por exceso ni por defecto. La visita ocupa aproximadamente 1½ h a un ritmo razonable.

Escanea este código QR para conocer los horarios y reservar con antelación.

Historia

Fundada en 1776 por la emperatriz María Teresa de Austria para los alumnos de la academia de arte, fue Napoleón Bonaparte quien decidió abrir la galería al público con el propósito de convertirla en el "Louvre de Italia". Hay numerosos vestigios de su influencia, desde las obras que robó hasta la colosal estatua *Napoleón como Marte el pacificador,* situada en el patio.

Comprender la colección

Casi todas las obras son de temática religiosa, ya que fueron robadas por las tropas francesas en iglesias y conventos. Concebida como un viaje en el tiempo y por el espacio, las 38 salas de la galería están dispuestas cronológicamente, del s. XIII al XX, examinando escuelas y estilos, y ofreciendo una visión del arte italiano a lo largo de los siglos.

Bellini y Mantegna

Los lienzos de Giovanni Bellini y Andrea Mantegna, en la sala VI, se cuentan entre las mejores obras venecianas de la pinacoteca. Al igual que Bramante, quien le precedió en el tiempo, Mantegna sentía pasión por la perspectiva rigurosa y un clasicismo que supo combinar certeramente para crear la sorprendentemente realista *Lamentación*

LIBERO_MONTERISI/SHUTTERSTOCK ©

sobre Cristo muerto (1483), donde destaca el escorzo del cuerpo sin vida. Pese a estar influidas por Mantegna, las Vírgenes de mirada apesadumbrada y la conmovedora *Pietà* (1460) de Bellini demuestran la progresiva humanización del tema, realzado por los efectos expresivos del color y la luz en los paisajes que los rodean.

Tiziano, Tintoretto y El Veronés

El despliegue creativo que supuso el Renacimiento concitó en la Venecia del s. XVI una extraordinaria confluencia de talentos, como Tiziano Vecellio (Tiziano), Jacopo Tintoretto y Paolo Veronese (El Veronés). Bajo el gobierno del *dux,* la capital del Véneto nadaba en la abundancia, lo que propició que el mecenazgo y el arte florecieran, con Tiziano como protagonista. La sala IX aglutina algunas de las

UNA PAUSA
Tan refinado como la galería, el **Caffè Fernanda** *(caffefernanda.com),* el café de la pinacoteca, es fantástico para cargar pilas tras la visita.

JARDÍN RECOLETO
En 1775, la emperatriz María Teresa convirtió el antiguo huerto jesuita en un espacio de lectura al aire libre, cuajado de plantas medicinales. El **Orto Botanico** *(ortibotanici.unimi.it)* es hoy un encantador jardín secreto.

obras señeras de la época como *San Gerónimo* de Tiziano o *Cena en casa de Simón* de El Veronés.

Escuela de Urbino

Piero della Francesca, uno de los grandes maestros del primer Renacimiento, fue contratado en 1474 por el conde de Urbino, Federico da Montefeltro. Y aunque el artista y matemático toscano es más reputado por el ciclo de frescos que representa la Leyenda de Vera Cruz, en la Basilica di San Francesco de Arezzo, el monumental retablo de Montefeltro, conocido como la *Sacra conversación o Pala de Brera* (1472-1474), es el atractivo estrella de la sala XXIV.

Pinacoteca di Brera

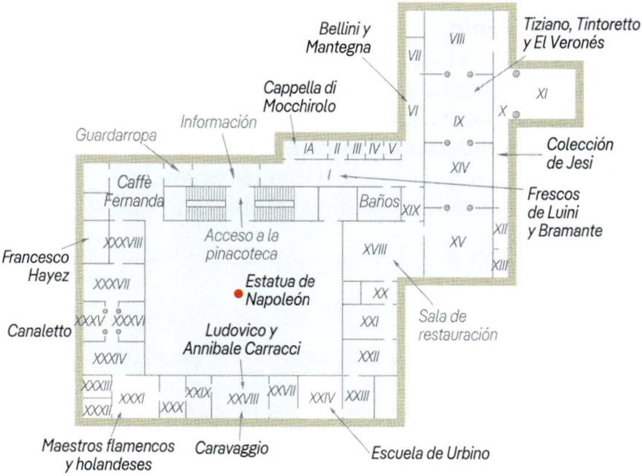

Caravaggio

Dominada por la oscura paleta de la escuela barroca emiliana de finales del s. XVI y principios del s. XVII, la sala XXVIII luce un tono emocional que anticipa el único caravaggio del museo: *Cena de Emáus* (1606). Atrás quedan el nítido clasicismo formal de Rafael o el manierismo de Carracci, reemplazados por el enérgico naturalismo del claroscuro.

Siglo XIX

Al llegar a las últimas salas, dedicadas al s. XIX, el arte se torna más ligero, imbuido por el romanticismo y el nacionalismo de una Italia unificada, como plasman las vistas de Venecia en los cuadros de Canaletto o los óleos de Francesco Hayez, retratista de mascotas de la nobleza lombarda y, en tiempos, director de la academia. Entre sus obras despunta el luminoso *Il bacio* (*El beso;* 1859), símbolo de las esperanzas depositadas en el Risorgimento.

Palazzo Citterio

Concita mucho entusiasmo la esperada apertura del Palazzo Citterio (s. XVIII), un espacio expositivo de 6500 m^2 que contribuirá a albergar la colección modernista de Brera. Adquirido en 1972, su inauguración se ha aplazado por motivos estructurales y burocráticos. Al escribir estas líneas se ultimaba su apertura.

BIBLIOTECA DE LA DÉCADA DE 1800

Aunque solo se permite el acceso de estudiantes a la hermosa **Biblioteca Nazionale Braidense** *(braidense.it),* con estanterías diseñadas por Piermarini y dos soberbias arañas de luces, desde la entrada junto a la recepción se atisba su interior.

★ IMPRESCINDIBLE

Castello Sforzesco

Mandado construir por los Visconti, este **castillo** de ladrillo rojo fue el hogar de los Sforza, la dinastía que gobernó el Milán renacentista. Sus defensas las diseñó Leonardo da Vinci. Siglos después, Napoleón drenó el foso y retiró los puentes levadizos. Hoy alberga varios museos y regala vistas del Parco Sempione.

PLANO: P. 80 **C4**

CONSEJO
Al haber tantos museos se puede pasar perfectamente un día entero; pero se recomienda dar prioridad al **Museo Pietà Rondanini** y al **Musei d'Arte Antica**, los más populares.

Escanea este código QR para más información sobre el museo y sus horarios.

Museo Pietà Rondanini

El antiguo hospital español del castillo es el austero marco de la última obra de Miguel Ángel, la *Pietà Rondanini* (1552-1554), en la que trabajó apenas unos días antes de su muerte, a los 89 años. La escultura representa a la Virgen sosteniendo a un agonizante Cristo, logrando fusionar los cuerpos de ambos. En claro contraste con sus obras tempranas, las figuras, inacabadas, presentan un aspecto tosco que, para algunos, refleja que el artista sabía que el fin estaba próximo.

Musei d'Arte Antica

Sito en los aposentos ducales, este museo custodia una colección que incluye esculturas paleocristianas, el magistral sepulcro ecuestre de Bernarbò Visconti y bajorrelieves que narran el triunfo de Milán ante Barbarroja. La muestra ilustra el nacimiento de la primera *comune* de una ciudad italiana mediante el relato de las sanguinarias ambiciones dinásticas y regionales. Leonardo pintó un fresco en una de las salas (pese a estar cerrada indefinidamente al público, puede verse desde fuera).

Museo dei Mobile y Pinacoteca

Ambos museos se conjugan a la perfección, pasando de armarios y escritorios ducales a una colección de arte gótico lombardo, entre cuyas obras maestras se sitúan *Trivulzio Madonna* (1497) de Andrea Man-

GOODLIFESTUDIO/GETTY IMAGES ©

tegna, *San Sebastián* de Vincenzo Foppa y *Noli me tangere* (*No me toques;* c. 1489-1495) de Bramantino. Las muestras de mobiliario continúan hasta finales del s. xx, sin que falten grandes nombres del diseño como Ettore Sottsass o Giò Ponti.

Los otros museos

Si aún no se está ahíto de cultura y arte lombardo se pueden visitar el **Museo de Arte Decorativo,** que entre otras preciosidades incluye cerámicas de Arturo Martini, tapices de Bramantino encargados por Trivulzio, y una colección de objetos de vidrio del s. xv en adelante; el **Museo de Instrumentos Musicales,** con inusitadas variaciones de instrumentos convencionales; y el **Museo de Arqueología,** con piezas que van del Neolítico a la romanización.

UNA PAUSA

Un buen sitio para descansar de tanto arte es **Cascina Nascosta,** una bocanada de aire fresco en medio de un parque.

CIRCUITO A PIE

Brera y Parco Sempione

Brera luce un atemporal encanto bohemio gracias a la academia que da fama al barrio. Sus angostas calles empedradas, bordeadas de galerías, tiendas de muebles y restaurantes, son ideales para explorar a pie. Además, el Parco Sempione, lleno de reclamos culturales, queda a un corto paseo.

INICIO	FINAL	DURACIÓN
Pinacoteca di Brera	Triennale Milano	1,8 km; 1½ h

1 Un museo subestimado

La **Pinacoteca di Brera,** con una de las colecciones de arte italiano de los ss. XIII-XX más importantes que existen, ocupa un *palazzo* neoclásico al que se accede por un patio que alberga una enorme estatua desnuda de Napoleón representado como Marte el pacificador.

2 Un jardín botánico escondido

Escaleras abajo desde la Pinacoteca se encuentra el fragrante **Orto Botanico,** un jardín amurallado creado en 1775 por la emperatriz María Teresa de Austria para deleite de los estudiantes de medicina y farmacia. Su ambiente apacible, con plantas medicinales y un ginkgo centenario, es único.

3 Calle pintoresca

Paseando por la adoquinada **Via Fiori Chiari** se verán los escaparates de tiendas de moda y restaurantes a la última. Si la visita coincide con el tercer domingo de mes, se podrán peinar el **mercado de antigüedades,** con artículos de segunda mano.

4 Plaza con visos artísticos

Tan ineludible como encantadora, **Piazza del Carmine** seduce con su iglesia epónima de ladrillo rojo, cuya fachada neogótica de terracota se atribuye a Carlo Maciachini, artífice también del monumental cementerio de la ciudad. En ella se congregaba la élite local, incluidas las familias Visconti y Sforza.

5 Fortaleza inexpugnable

Otrora bastión y hogar de la influyente dinastía Sforza, el **Castello Sforzesco** es hoy la sede de varios museos, entre ellos el Museo Pietà Rondanini, que incluye la famosa última escultura en la que trabajó Miguel Ángel antes de su muerte.

6 Diseño italiano

Si aún quedan energías, la **Triennale di Milano** permite asomarse al diseño italiano del último siglo a través de 300 productos y varios espacios recreados y es una plataforma para la obra de nuevos diseñadores.

7 Granja remodelada

Como colofón a un paseo por el Parco Sempione es obligado detenerse en la **Cascina Nascosta,** una antigua granja que ha renacido como un rústico espacio donde tomar un café y un bocado o participar en actividades como el yoga dominical.

Más información
Imprescindible p. 72
Experiencias p. 81
Comer p. 82
Beber p. 82
Comprar p. 83
A
B
C
D
E
F
1
2
3
4
Piazza Sempione
Arena Civica
Triennale di Milano
Castello Sforzesco
Studio Museo Achille Castiglioni
Stazione Cadorna (Stazione Nord)
Cadorna
Cairoli
Lanza
Moscova
Montenapoleone
Largo La Foppa
BRERA
Biblioteca Nazionale Braidense
Pinacoteca di Brera
Orto Botanico
Caffè Fernanda
Via Mario Pagano
Viale Emilio Alemagna
Viale Gadio
Piazza Castello
Via Luca Beltrami
Via Giacomo Leopardi
Via Vicenzo Monti
Via Saffi
Via Giovanni Boccaccio
Via Luigi Canonica
Viale Elvezia
Via Bramante
Bastioni di Porta Volta
Via Legnano
Foro Buonaparte
Via Pontaccio
Corso Garibaldi
Via dei Cavalieri del Santo Sepolcro
Via Mercato
Via Madonnina
Via Fiori Chiari
Via G Sacchi
Via Cusani
Via Broletto
Via Ponte Vetero
Via dell'Orso
Via Brera
Via G Verdi
Via Monte di Pietà
Via Marsala
Via della Moscova
Via Statuto
Via Palermo
Via Solferino
Via San Marco
Via Castelfidardo
Via Parini
Via San Marco
Via Montebello
Via Cernaia
Corso di Porta Nuova
Via Appiani
Via Principe Amedeo
Via Fatebenefratelli
Via dell'Annunciata
Via dei Giardini
Via Alessandro Manzoni
Via Palestro
Via Senato
Via della Spiga
Via Bigli
Via Sant'Andrea
Bastioni di Porta Venezia
0
500 m

Descubrir el diseño de la Trienal de Milán

MUSEO

PLANO: 1 P. 80 **B3**

Celebrada en Monza en 1923, la primera Triennale de Italia tenía por objetivo fomentar el diseño y las artes aplicadas del país, y su éxito condujo a la construcción, en 1933, del **Palazzo d'Arte** de Giovanni Muzio, en Milán. Desde entonces, este espacio ha promovido el diseño en todas sus expresiones, hasta propiciar, en el 2007, el museo de diseño **Triennale di Milano** *(triennale.org; adultos/niños 15/7,50 €)*.

Su colección permanente permite descubrir la celebrada historia del diseño italiano mediante 300 icónicos objetos, remontándose de mediados de la década de 1920 a la actualidad. Se reconocerán creaciones como la emblemática máquina de escribir roja Valentine, de Olivetti, o los bolardos en forma de *panettone* de Enzo Mari que hay desperdigados por todo Milán.

En el jardín aguarda la disparatada *Fontana dei bagni misteriosi* (1973) de De Chirico, mientras que en la 2ª planta hay un sofisticado bar-restaurante, con panorámicas del parque y los rascacielos de Porta Nuova.

Adentrarse en el curioso mundo de Achille Castiglioni

ESTUDIO-MUSEO

PLANO: 2 P. 80 **B4**

Taburetes de altísimo respaldo, un vaso plegable que inspiró una lámpara, un incómodo sillín que terminó siendo el asiento de una cabina... El **estudio** *(fondazioneachillecastiglioni.it; adultos/niños 15/7 €)* donde Castiglioni trabajó desde 1962 hasta su muerte en el 2002, está lleno de piezas de diseño, bocetos e ilustraciones modernas que ofrecen una imagen del diseñador, el arquitecto y el hombre. Una enorme colección de botellas y cachivaches da fe de su inagotable curiosidad por los objetos cotidianos, al tiempo que un versátil asiento concebido para que pudiera sentarse junto a su hija (también diseñadora) permite entrever su lado más familiar.

Los circuitos (1 h, inglés e italiano) han de reservarse con antelación. Por desgracia, en el momento de cerrar esta guía el estudio había recibido un aviso de desalojo, con lo cual habrá que apresurarse para verlo en su ubicación original.

SUGERENCIAS

Lo mejor para...

Localizaciones en el plano de la **p. 80**

€ Económico €€ Medio €€€ Alto

Comer

'Panini' y 'pizza'

Le Tre Regioni €
3 D2
Sensacional charcutería familiar que prepara bocadillos con embutidos, fiambres y quesos lombardos de primerísima. *7.30-20.00 lu-sa*

Chiosco al Politico €
4 C4
Este quiosco pone la nota de humor con contundentes bocadillos que llevan nombres de políticos. *11.00-23.00*

Denis €€
5 D1
Denis Lovatel encauzó su pasión por la montaña en su galardonada *pizza*, elaborada con agua de los Dolomitas y harina selecta. *denispizza.it; 12.30-14.30 y 19.30-22.30 lu-ju, hasta 23.00 vi-do*

Dry Milano €€
6 D1
Combina una atractiva estética con música electrizante, cócteles de nivel y *pizzas* acorde. *drymilano.it; 18.00-2.00 ma-do*

Locales de moda

Fioraio Bianchi Caffè €€€
7 E2
Antigua floristería donde mimarse con moderna cocina italiana o un excelente *aperitivo* entre flores. *fioraiobianchicaffe.it; 8.00-23.00 lu-sa*

Seta €€€
8 E4
Cocina con estrellas Michelin en su máxima expresión. Antonio Guida, su chef, promete platos hermosos, innovadores y llenos de sorpresas. *mandarinoriental.com; 12.30-14.30 y 19.30-22.30 ma-sa*

Cocina tradicional italiana

Il Solferino €€€
9 D1
Clásicos reparadores, como *osobuco* con cremoso *risotto*, regados con caldos de aúpa. Amplia carta vegetariana, además. *ilsolferino.com; 12.00-14.30 y 19.00-23.30*

Rovello 18 €€€
10 D3
Osteria sin pretensiones de Michele de Liguoro perpetúa la tradición familiar de apostar por sencilla cocina italiana de calidad. *rovello18.it; 12.30-15.30 y 19.00-24.00*

Cascina Nascosta €€
11 A2
Comprometido con la sostenibilidad, es fantástico para una comida a base de ingredientes de temporada, un café o un *aperitivo* en un ambiente bucólico. *cascinanascosta.org; 9.00-23.30 ma-sa, hasta 22.00 do*

Beber

'Aperitivo'

Bulgari Hotel
12 E4
Tanto si se opta por su barra negra de resina interior como por la terraza encarada al jardín, es sinónimo inequívoco de glamur milanés. *bulgarihotels.com; 7.00-1.00*

Vesta

13 D3

Con vistas a la iglesia de San Carpoforo, es ideal para disfrutar de sus cócteles y ostras. *vestafiori chiari.com; 12.00-23.30 lu-sa, hasta 23.00 do*

N'Ombra de Vin

14 D3

Esta enoteca en un vistoso refectorio agustino, es muy popular entre una clientela madura, con poder adquisitivo. Precios acorde a la calidad. *nombradevin.it; 18.00-1.30 ju-sa, hasta 0.30 do-mi*

Café

Cafezal

15 D1

Lo abrió un ingeniero brasileño obsesionado con el mundo cafetero. En lugar del clásico *espresso*, se recomienda un café de filtro o un *cold brew* con granos de especialidad. *cafezal.it; 8.00-18.00 lu-vi, 9.00-19.00 sa-do*

Comprar

Papelería y regalos de diseño

Pettinaroli

16 D4

Mítico local que lleva desde 1881 surtiendo a los mejores escritorios de la ciudad con artículos de papelería con iniciales grabadas y diarios encuadernados en cuero. *fpettinaroli.it; 15.00-19.00 lu, 10.00-19.00 ma-sa*

Fabriano

17 D4

En el *showroom* de este histórico fabricante de papel artesano (en el negocio desde 1264), todo es exquisito, desde las plumas estilográficas a los cuadernos. *fabriano.com; 10.00-19.30*

Rigadritto

18 D4

Abarrotada de pegatinas, lápices, artículos de papelería decorados y coches de juguete, esta singular tienda de regalos es perfecta para encontrar *souvenirs* únicos, incluidos carteles italianos *vintage*. *10.30-19.30 lu-sa, 11.00-19.00 do*

Alimentación

Store Laboratorio Niko Romito

19 D2

La pequeña tienda del reputado chef Niko Romito vende productos hechos en su laboratorio como *pandolce* o sus distintivas galletas saladas. *laboratorionikoromito.it; 10.00-19.30 ma-sa, desde 11.00 do*

'Vintage'

Cavalli e Nastri

20 E4

Vistosa tienda con prendas y accesorios *vintage* de mujer, todo ello de gigantes de la moda como Gucci o Hermès. *cavallienastri.com; 10.30-13.00 y 14.30-19.00 lu-sa, 12.00-19.30 do*

Il Cirmolo

21 D3

Fascinante, lleva desde la década de 1960 vendiendo singulares artículos *vintage:* letreros de época, modelos anatómicos, lámparas e incluso una Betty Boop a tamaño real. *ilcirmolo shop.com; 15.00-19.00 lu, 11.00-19.00 ma-sa*

Moda urbana y calzado

Slam Jam

22 C3

Muy del gusto de los entendidos de la moda urbana, lo regenta Luca Benini, un veterano apasionado de la moda y la cultura *underground*. *company.slamjam.com; 11.30-19.30 ma-do*

Alfonso Garlando

23 D3

Cientos de modelos de zapatos de mujer hechos a mano. *alfonsogarlando.it; 11.30-19.30 lu, 10.00-19.30 ma-sa, 11.00-13.30 y 14.30-19.00 do*

Sugerencias
de lugares para
comer, beber
y comprar en
p. 92

Explora
Porta Garibaldi, Isola y Chinatown

Premiada con el rascacielos helicoidal de César Pelli, el 'invernadero' contemporáneo de Herzog & de Meuron y los bloques de apartamentos con jardines colgantes de Boeri, la deslumbrante zona entre Porta Garibaldi y Porta Nuova es una suerte de Manhattan en miniatura. Cuenta con un parque público bautizado como Biblioteca degli Alberi ("biblioteca de árboles"), mientras que la pretenciosa Corso Como conecta Corso Garibaldi con el barrio de Isola, conocido por sus bares, restaurantes y tiendas independientes. Al oeste se sitúan el Cimitero Monumentale y Chinatown, donde priman los locales de fideos y los bares de karaoke.

Cómo desplazarse

Metro
Para el cementerio y los bares de Corso Como, hay que apearse en Garibaldi, en la línea M2 (verde) y la M5 (lila); para Isola, se sigue en la M5 (lila), que tiene las prácticas estaciones de Isola y Zara.

Tranvía
Los nº 12 y 14, muy útiles para Chinatown, cruzan Via Paolo Sarpi, la arteria principal de la zona; los nº 2, 4 y 33 van al camposanto, mientras que el nº 33 continúa hasta Isola.

★

LO MEJOR

LUGAR LÚGUBRE
Cimitero Monumentale (p. 86)

DISEÑO SOSTENIBLE
Bosco Verticale (p. 91)

'DUMPLINGS' CHINO-ITALIANOS
La Ravioleria Sarpi (p. 92)

ENOTECA
Cantine Isola (p. 92)

MECA CULINARIA
Eataly (p. 93)

Bosco Verticale (p. 91).
NAEBLYS/SHUTTERSTOCK ©

★ IMPRESCINDIBLE

Cimitero Monumentale

Tras imponentes muros blanquinegros de estilo neorrenacentista, las clases altas de Milán han mantenido vivo su orgullo dinástico mucho después de morir con despampanantes manifestaciones escultóricas desde 1866. La muerte y el erotismo del s. XIX dan paso a fabuloso arte abstracto en el majestuoso **Cimitero Monumentale.**

PLANO: P. 90 **A3**

CONSEJO
Si bien hay dos rutas recomendables (de 30-60 min, que cubren 8 y 15 monumentos, respectivamente), es fácil pasar más de 1 h explorando el lugar.

Escanea este código QR para consultar el plano y una propuesta de itinerario.

Historia y diseño

El arquitecto autodidacta Carlo Maciachini ganó un concurso para transformar una zona de pequeñas tumbas diseminadas en un monumental cementerio municipal. Ampliado en varias ocasiones, actualmente tiene una superficie de 250 000 m^2 y se divide en tres zonas: los católicos ocupan el centro, los judíos la derecha y los demás la izquierda.

Museo al aire libre

Con multitud de capillas dedicadas a poderosas familias milanesas y ostentosos sepulcros de ciudadanos ilustres como Adolfo Wildt, Gio Ponti y Lucio Fontana, recorrer el cementerio constituye un viaje artístico a través del tiempo en el que se explorarán las corrientes de los últimos 150 años, desde el eclecticismo de finales del s. XIX al estilo *art nouveau* de principios del s. XX.

Se accede por el Famedio (Templo de la Fama), diseñado originalmente como una iglesia pero hoy convertido en un sepulcro en el que yacen los restos de algunas de las figuras más granadas de la sociedad milanesa. Dentro, bajo una estrellada cúpula de lapislázuli, está el sarcófago del novelista Alessandro Manzoni, mientras que Francesco Hayez, el artista más famoso de la ciudad, y el futbolista Giuseppe Meazza, descansan en la cripta.

DRAGAN MUJAN/SHUTTERSTOCK ©

En el corredor principal se encuentra el monumento conmemorativo geométrico de acero y mármol de Studio BBPR en recuerdo a las víctimas milanesas de los campos de concentración durante la II Guerra Mundial. En el centro de la necrópolis se alza el imponente monumento blanco a Bernocchi, inspirado en la Torre de Babilonia. A la izquierda de la entrada está la tumba de Davide Campari (creador del famoso licor), digna de verse por su enorme recreación en bronce de *La última cena* de Leonardo.

UNA PAUSA
Si se quiere tomar algo tras la visita, el moderno bar de azotea **Ceresio 7** supone una inyección de vitalidad tras tanto arte fúnebre.

Crematorio

El templo dórico alberga el primer crematorio de Italia (de 1876, cerrado en la actualidad), creado para afrontar el crecimiento implacable del cementerio. Su estilo neoclásico es un guiño al mundo antiguo, cuando la cremación era una práctica habitual; en sus alcobas están las primeras urnas usadas en el s. XIX.

CIRCUITO A PIE

Porta Garibaldi e Isola

La deslumbrante *piazza* y el evocador parque de Porta Nuova suelen estar llenos de familias y parejas. Al norte, en Isola, el panorama es muy distinto: una isla por su nombre y naturaleza, este antiguo barrio obrero luce hoy librerías independientes, arte callejero y una buena dosis de progresía artística, activista y estudiantil.

INICIO	FINAL	DURACIÓN
Via Carlo de Cristoforis	Via Pollaiuolo	2,1 km; 1½ h

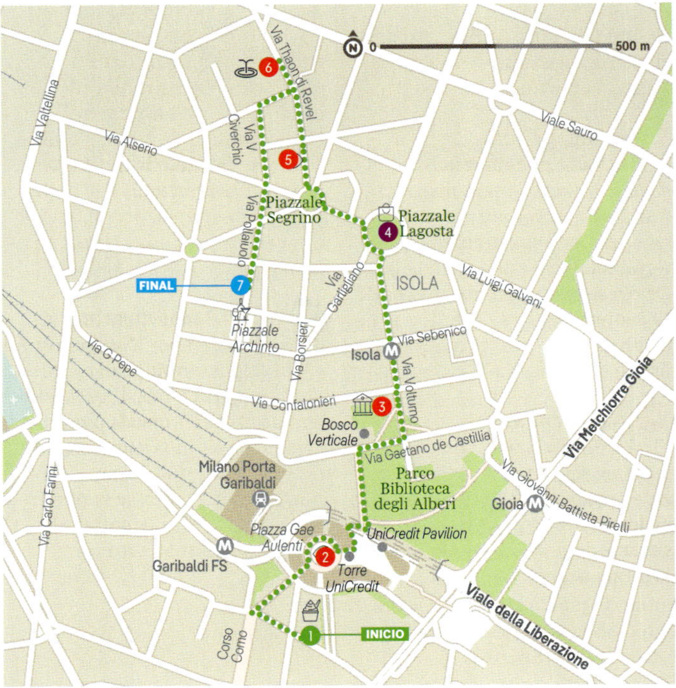

1 Dulces tentaciones

Se empieza al sur de las vías del tren, en el histórico **Zaini,** la marca de chocolate milanesa por excelencia. Abierto en 1913, todavía ocupa su emplazamiento primigenio. Cuenta con un precioso bar donde disfrutar de un suculento chocolate a la taza.

2 La cara más moderna de Milán

Se enfila hacia **Piazza Gae Aulenti,** rodeada de rutilantes rascacielos, entre ellos la Torre UniCredit de César Pelli y el pabellón de Michele de Lucchi. Al norte, cruzando el parque, aguarda el exuberante **Bosco Verticale** de Stefano Boeri.

3 Sentido tributo

La **Casa della Memoria** *(casadellamemoria.it)* es un museo y archivo que conmemora a los fallecidos a causa de las guerras, el terrorismo y las luchas ciudadanas. De día se distinguen los rostros de 19 víctimas sobre su exterior de ladrillo pixelado: un ingenioso efecto óptico que mueve a la reflexión.

4 ¡Al mercado!

El sábado es el mejor día para visitar el mercado municipal de **Piazzale Lagosta** y seguir el ejemplo de los lugareños, que además de surtirse de provisiones para toda la semana, aprovechan para picar *pizza*. También hay una excelente carnicería con platos preparados.

5 Paraíso ciclista

A la vista de sus firmes orígenes sociales, a nadie debería sorprender que Isola esté lleno de subculturas, incluida una considerable comunidad ciclista que acostumbra a citarse en **Via Thaon di Revel,** donde se encuentran geniales tiendas especializadas, bares y el emporio ciclista Deus Ex Machina.

6 Antiguas aguas curativas

Durante siglos, los milaneses achacosos caminaban hasta Isola para bañarse en sus aguas curativas. En 1507, tras sanar gracias a ellas, el gobernador militar francés Charles d'Amboise mandó construir allí mismo el **Santuario di Santa Maria alla Fontana,** que destaca por su *sacellum* (altar) pintado al fresco, con reminiscencias de unos baños romanos.

7 Calles llenas de arte

Se da un paseo por **Via Pollaiuolo** y **Via Carmagnola,** con algunas de las mejores obras de arte callejero de Milán, firmadas por artistas como Zibe, Ozmo y Pao. La ruta concluye tomando algo en **Frida,** punto de encuentro de la progresía local, con llamativos murales y un frondoso patio cubierto.

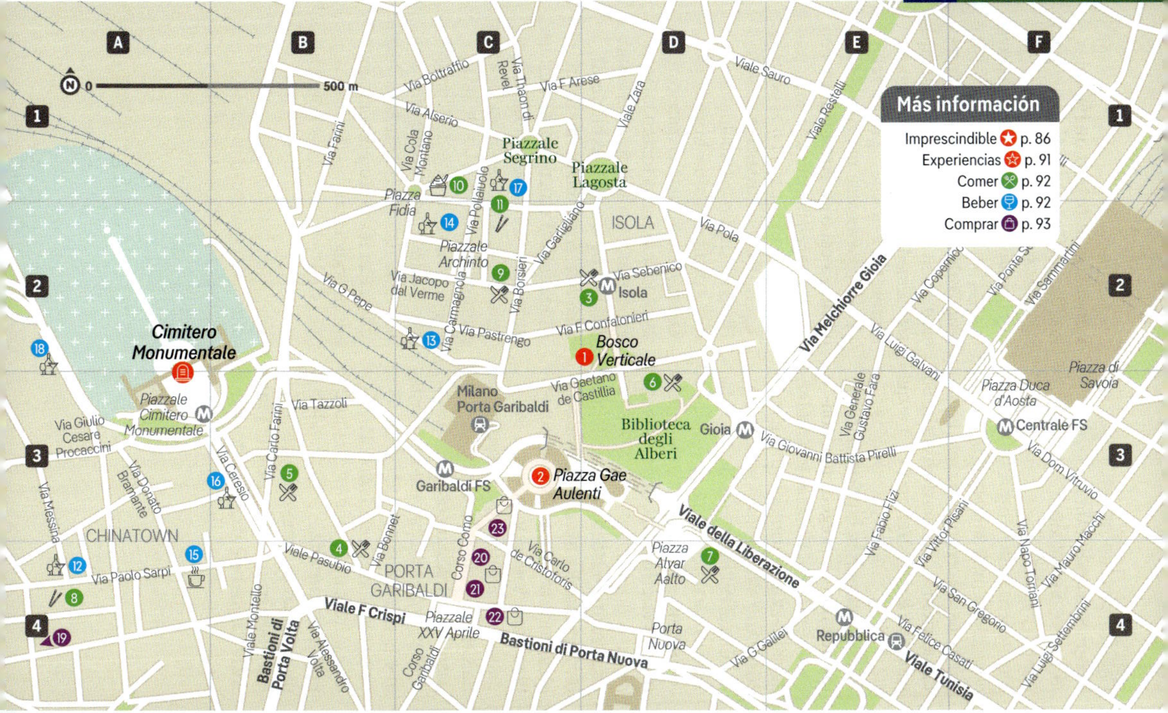
A
B
C
D
E
F
1
2
3
4
0
500 m
Más información
Imprescindible p. 86
Experiencias p. 91
Comer p. 92
Beber p. 92
Comprar p. 93
Cimitero Monumentale
Piazzale Cimitero Monumentale
Via Giulio Cesare Procaccini
Via Messina
CHINATOWN
Via Donato Bramante
Via Ceresio
Via Paolo Sarpi
Via Carlo Farini
Via Tazzoli
Viale Pasubio
Viale Montello
Bastioni di Porta Volta
Via Alessandro Volta
Viale F Crispi
Corso Garibaldi
Piazzale XXV Aprile
Bastioni di Porta Nuova
PORTA GARIBALDI
Corso Como
Via Carlo de Cristoforis
Via Bonnet
Garibaldi FS
Milano Porta Garibaldi
Piazza Gae Aulenti
Via Gaetano de Castillia
Biblioteca degli Alberi
Bosco Verticale
Via F Confalonieri
Via Pastrengo
Via G Pepe
Via Jacopo dal Verme
Via Carmagnola
Via Borsieri
Piazzale Archinto
Piazza Fidia
Via Pollaiuolo
Via Cola Montano
Via Farini
Via Alserio
Via Boltraffio
Via Thaon di Revel
Via F Arese
Piazzale Segrino
Piazzale Lagosta
Viale Zara
Via Garigliano
ISOLA
Via Sebenico
Isola
Via Pola
Viale Sauro
Viale Restelli
Via Melchiorre Gioia
Gioia
Via Giovanni Battista Pirelli
Via Generale Gustavo Fara
Via Luigi Galvani
Via Copernico
Via Ponte Se
Via Sammartini
Piazza Duca d'Aosta
Piazza di Savoia
Centrale FS
Via Dom Vitruvio
Via Napo Torriani
Via Mauro Macchi
Via Vittor Pisani
Via Fabio Filzi
Via San Gregorio
Via Felice Casati
Via Luigi Settembrini
Viale Tunisia
Repubblica
Via G Galilei
Porta Nuova
Piazza Alvar Aalto
Viale della Liberazione

Respirar hondo en el Bosco Verticale

ARQUITECTURA

PLANO: 1 P. 90 **D2**

Es imposible no detectar junto a los modernos rascacielos de la zona dos torres gemelas que apuntan al cielo cubiertas de fronda. Se trata del **Bosco Verticale** ("bosque vertical") de Stefano Boeri, dos imponentes bloques de apartamentos que rebosan vegetación, concretamente 800 árboles y 20 000 arbustos y plantas: el equivalente a 30 000 m^2 de bosque y sotobosque o, dos veces la superficie de Piazza del Duomo.

Esto no solo contribuye a generar oxígeno y a absorber dióxido de carbono, sino que además crea una cortina verde que modera las temperaturas internas y el ruido, atrayendo al mismo tiempo a poblaciones de aves e insectos. Sus residentes aseguran sentirse más en sintonía con la naturaleza y el paso de las estaciones.

Stefano Boeri, su creador, afirma que la célebre novela *El barón rampante* (1957), de Italo Calvino, le inspiró a acometer este exitoso proyecto, premiado como modelo de edificación residencial sostenible y que con el tiempo exportaría a China, Suiza y Países Bajos.

Asomarse al futuro de Milán en Piazza Gae Aulenti

PLAZA

PLANO: 2 P. 90 **C3**

Si Piazza del Duomo es un símbolo del ilustre pasado de Milán, **Piazza Gae Aulenti** es la máxima expresión de su deslumbrante futuro. Así llamada en honor a la famosa arquitecta italiana, representa el eje del proyecto de regeneración llevado a cabo en Porta Nuova, con el que se transformó una zona industrial abandonada en el norte de la ciudad. La *piazza*, que se eleva 6 m por encima del suelo, traza una curva alrededor de una piscina reflectante rodeada de espectaculares edificaciones (como la Torre Unicredit), con el Bosco Verticale visible a través de la Biblioteca degli Alberi, un moderno parque.

De día se pueden ver las tiendas de la zona, como la librería Feltrinelli, y escuchar los sonidos que capturan las trompetas de bronce de la instalación *Egg*, de Alberto Garutti. De noche no hay que perderse sus fuentes iluminadas y los árboles de luces led alimentados por energía solar.

SUGERENCIAS

Localizaciones en el plano de la **p. 90**

Lo mejor para...

€ Económico €€ Medio €€€ Alto

Comer

Pizzerías y 'trattorie'

Berberè €
3 D2
Antiguo club social de la década de 1950 donde las *pizzas* son ligeras y crujientes. *berberepizza.it; 12.30-14.30 y 19.00-23.30*

Antica Trattoria della Pesa €€€
4 B4
Uno de los restaurantes más antiguos de la ciudad, con mobiliario original y comida casera tradicional. *anticatrattoriadellapesa.com; 12.30-14.30 y 19.30-23.00 lu-sa*

Da Martino €€
5 B3
La familia Camignani lleva desde la década de 1950 sirviendo unas de las mejores *cotolette* (chuletas de cerdo empanadas) y *bistecche alla fiorentina* (chuletones) de Milán. *damartino1950.com; 12.30-14.00 y 19.30-23.00 ma-do*

Cocina 'gourmet' italiana

Ratanà €€€
6 D3
El chef Cesare Battisti convierte productos artesanales en creaciones milanesas con un toque moderno. *ratana.it; 12.00-14.30 y 19.00-23.00*

Ristorante Berton €€€
7 D4
Una futurista torre de cristal enmarca la cocina contemporánea de uno de los chefs más celebrados de Milán. *ristoranteberton.com; 12.30-14.30 mi-sa, 19.30-22.00 ma-sa*

Comida callejera

La Ravioleria Sarpi €
8 A4
La colaboración entre un economista chino y un antiguo carnicero ha propiciado el local de *dumplings* más famoso de la ciudad. *laravioleriasarpi.com; 10.30-15.00 y 16.00-22.00 lu-vi, 10.30-22.00 sa y do*

Porcobrado €
9 C2
Ha obtenido el título del "mejor bocadillo de Europa" gracias a su exquisito cerdo, sometido a un proceso de ahumado y marinado que dura más de 100 h. *porcobrado.com; 12.30-15.00 y 19.30-23.00 ma-do*

Artico Gelateria €
10 C1
Helados y sorbetes artesanos, de sabores clásicos y originales, como chocolate con chile. *gruppoartico.com; 12.00-23.00 ma-do*

Casa Ramen €€
11 C2
La cola es perpetua en el local de *ramen* de Luca Catalfamo, primer impulsor de la pasión milanesa por esta sopa de fideos. *casaramen.it; 12.30-15.00 ma-vi, 19.30-23.00 ma-sa*

Beber

Bares especializados

Cantine Isola
12 A4
Platos de *bruschette* conviven con magistrales caldos de 400 viticultores

excepcionales en esta institución milanesa. *cantineisola.com; 10.00-22.00 lu-do*

Botanical Club

13 C2

Con más de 150 ginebras, la primera incursión de la ciudad en el mundo de las microdestilerías causa furor entre los apasionados del gin-tonic. *botanicalclub.com; 18.30-24.00 ma-ju, hasta 1.00 vi y sa*

Cócteles y cerveza

Frida

14 C2

Para codearse con aspirantes a poeta, escritores en ciernes y activistas mientras se toma un trago. *fridaisola.it; 5.00-1.00 do y lu, 12.00-1.00 ma, hasta 2.00 mi-sa*

oTTo

15 A4

Espacioso y moderno café en el que todos se sentirán en casa, ya sea para desayunar, almorzar o tomar un *aperitivo* entre nómadas internacionales. *otto.place; 9.30-2.00 lu-vi, 10.00-2.00 sa-do*

Ceresio 7

16 B3

Las vistas son tan mareantes como los precios en este sofisticado bar de azotea con piscina, perfecto para ver a la gente guapa de Milán. *ceresio7.com/milano; 12.30-1.00*

Clubes

Blue Note

17 C1

La única sede en Europa del histórico club de *jazz* neoyorquino acoge a artistas internacionales de primera. *bluenotemilano.com; 19.30-24.00 ma-do*

Tempio del Futuro Perduto

18 A2

Las noches de *techno* adquieren tintes casi distópicos en esta discoteca alojada en una nave industrial abandonada. *tempiodelfuturo.art; horario variable*

Comprar

Moda

Emil

19 A4

Minimalistas, chic y en colores neutros: así son las prendas de mujer de la diseñadora local Giulia Mojoli, hechas a mano. *emil.shop; 15.00-19.00 lu, 10.00-13.00 y 14.00-19.00 ma-sa*

10 Corso Como

20 C4

La que quizá sea la *concept shop* más desmedida del mundo depara artículos muy deseables (bolsos de Maison Margiela, zapatillas de Balenciaga...), una librería con libros de diseño y una galería fotográfica, además de un restaurante con patio. *10corsocomo.com; 10.30-19.30*

Eral 55

21 C4

Desde ropa deportiva japonesa a sastrería a medida, el impecable estilo de Ermanno Lazzarin, su propietario, se refleja por doquier en esta tienda de ropa de hombre. *eral55.com; 10.30-19.30 lu-sa, hasta 19.00 do*

Alimentación

Eataly

22 C4

Lugar de culto donde surtirse de los mejores productos de la tierra, incluidos helado artesano y mozzarella fresca. *eataly.net; 8.30-23.00*

Zaini

23 C3

Así llamado por la conocida abuela de la familia Zaini, el exitoso bar Emilia es el sitio perfecto para mimarse con un chocolate a la taza con pétalos de rosa u otras delicias por el estilo. *zainimilano.com; 7.45-19.30 lu-vi, desde 9.00 sa-do*

Sugerencias de lugares para comer, beber y comprar en **p. 106**

Explora Corso Magenta y Sant'Ambrogio

La última cena de Leonardo da Vinci y la Basilica di Sant'Ambrogio atraen a estas calles arboladas en las que se respira un ambiente entre sagrado y secular. Que la Bolsa de Milán esté en Piazza degli Affari explica la proliferación de lujosos comercios en Corso Magenta y los bares llenos de jóvenes banqueros. En este barrio adinerado se ha concentrado tradicionalmente la élite local. Con suerte, tal vez se atisbe el suntuoso patio de algún *palazzo*. Al sur y el oeste el ambiente se vuelve más informal con los estudiantes de la Università Cattolica.

Cómo desplazarse

Metro

Para el Museo de Ciencias y la Basilica di Sant'Ambrogio se toma la línea M2 (verde) hasta Sant'Ambrogio; para Corso Magenta y *La última cena* hay que bajarse en Sant'Ambrogio, o Cadorna; o, desde la línea M1 (roja), en Conciliazione.

Tranvía

Los nº 16 y 19 circulan por Corso Magenta; los nº 2, 3 y 14 bajan por Via Torino y pueden ser útiles para ir a la Basilica di Sant'Ambrogio.

Basilica di Sant'Ambrogio (p. 100).
LIBERO_MONTERISI/SHUTTERSTOCK ©

LO MEJOR

OBRA MAESTRA
La última cena (p. 96)

MUSEO PARA INVENTORES
Museo Nazionale Scienza e Tecnologia Leonardo da Vinci (p. 98)

GALERÍA OCULTA
Rossana Orlandi Gallery (p. 107)

IGLESIA CENTENARIA
Basilica di Sant'Ambrogio (p. 100)

FRESCOS DEL SIGLO XVI
Chiesa di San Maurizio (p. 105)

★ IMPRESCINDIBLE

'La última cena'

Oculta en una pared del refectorio contiguo a la Basilica di Santa Maria delle Grazie, la pintura más emblemática de Milán representa a Jesús y sus discípulos en el momento de la instauración del sacramento de la eucaristía, una obra maestra que constituye una de las imágenes más icónicas del mundo occidental.

PLANO: P. 104 **C2**

CONSEJO
El delicado estado de la obra obliga a asignar turnos de 15 min (que han de reservarse con semanas de antelación), tiempo suficiente para disfrutar de su grandiosidad.

Escanea este código QR para reservar las entradas con (mucha) antelación.

Excelencia duradera

La última cena (Il Cenacolo) representa un hito del mundo del arte. Los historiadores lo identifican como el inicio del Alto Renacimiento, y es indudablemente superior a todos los esfuerzos realizados por los grandes maestros que le precedieron. Además de atestiguar un complejo dominio de la perspectiva y el espacio, muestra una sutileza de tonos y una interpretación de las emociones muy adelantada a su tiempo. Pero no solo la técnica convierte en único este mural de 42 m^2; también hace gala de una vívida narrativa de la que pocas imágenes pueden presumir.

Supervivencia contra todo pronóstico

Tras 22 años de minuciosa restauración, puede decirse que se ha logrado estabilizar su fragilidad. El propio Leonardo fue en parte responsable de ella, pues al emplear una mezcla experimental de óleo y témpera, entre 1495 y 1498, en vez de transcurrida una semana como es habitual en la pintura al fresco, la obra fue mucho más propensa al deterioro. Los dominicos tampoco ayudaron cuando, en 1652, elevaron el suelo del refectorio, amputando los pies de Jesús. Sin embargo, el mayor daño infringido a la obra lo causó un grupo de restauradores en el s. XIX, cuyo uso de alcohol y algodón eliminó toda una capa de pigmentos.

MARK EDWARD HARRIS/GETTY IMAGES ©

El 'otro' fresco

En el extremo opuesto del refectorio se sitúa el fresco *Crucifixión* de Giovanni Donato da Montorfano. Lo pintó en 1495, mientras Leonardo trabajaba en su obra maestra, e incluso existe una relación iconográfica entre ambas piezas: la mano izquierda de Jesús, hacia arriba, apunta hacia el "buen ladrón" de Montorfano, mientras que su mano derecha, hacia abajo, señala al otro ladrón.

Pese a todo, cuesta creer que ambas obras sean coetáneas; a diferencia de la escena natural y fluida de Leonardo, la imagen de Montorfano es estructurada y rígida: una densa muchedumbre de soldados inexpresivos y santos arremolinados bajo la cruz, con una forzada imagen de Jerusalén de fondo y Jesús elevándose con los brazos en una posición carente de naturalidad.

UNA PAUSA

Biffi lleva desde 1864 tentando con té y café acompañados de *petit fours.*

★ **IMPRESCINDIBLE**

Museo Nazionale della Scienza e della Tecnologia Leonardo da Vinci

Los niños e inventores en potencia alucinarán en el mayor **Museo de Ciencias** de Italia, un merecido homenaje en la ciudad donde Leonardo acometió buena parte de sus mejores trabajos. Alojada en un monasterio del s. XVI y con 21 000 objetos, la colección comprende desde trenes y aeroplanos a galeones.

PLANO: P. 104 **C3**

CONSEJO
Hay que dedicar como mínimo medio día a explorar este museo de 50000 m^2. El submarino *Enrico Toti* solo puede verse en un circuito guiado que ha de reservarse con antelación.

Escanea este código QR para conocer los horarios y reservar las entradas.

Galerías Leonardo da Vinci

En 1481, Leonardo da Vinci escribió a Ludovico Sforza solicitándole un puesto en la corte. Le habían recomendado como músico, pero él se anunció como ingeniero, prometiéndole al duque que sería capaz de construir toda clase de artefactos bélicos, mejorar las fortificaciones del castillo y perfeccionar el sistema de canales; además, una vez estuviera todo hecho, siempre podría pintar.

En aquella época completó decenas de cuadernos con bocetos que han terminado por cobrar vida en este museo que hoy exhibe la mayor colección de maquetas de Leonardo del mundo. Aquí se pueden ver un planeador que imita los movimientos de las aves o su prototipo de máquina de movimiento continuo.

Pabellones del transporte

Espléndidas maquetas de los ss. XVIII-XIX (incluido el helicóptero experimental de Enrico Forlanini, de 1877) comparten espacio con el modelo real. Se llevan la palma la goleta bergantín de 1921 *Ebe,* el avión de combate Macchi MC205 Veltro y el primer submarino de Italia: el *Enrico Toti,* de la Guerra Fría.

TODAMO/SHUTTERSTOCK ©

Muestra sobre el espacio

Instalada en una galería comisionada por el presidente de la Sociedad Espacial Italiana, esta exposición contiene tesoros auténticos, incluidos los asombrosos globos celestiales y terráqueos realizados en el s. XVII por Coronelli y Moroncelli, el telescopio Merz-Repsold de Giovanni Schiaparelli con el que se propició la teoría de la existencia de marcianos, y la única roca lunar que se conserva en Italia, de la expedición del *Apollo 17*. Fuera puede verse la maqueta a tamaño real del primer lanzador Vega (VV01) desarrollado por la Agencia Espacial Europea.

Otras exposiciones

Se podrían dedicar horas a sus exposiciones, que en su conjunto ilustran la transformación tecnológica e industrial que Italia ha experimentado desde la década de 1800.

UNA PAUSA
Para una dosis de cafeína, nada como **Cafezal** *(cafezal.it)*, un acogedor espacio con detalles retro y tostadero propio.

★ IMPRESCINDIBLE

Basilica di Sant'Ambrogio

San Ambrosio, el querido obispo de Milán que fue nombrado patrón de la ciudad, está enterrado en la cripta de esta **catedral** de ladrillo rojo que él mismo fundó en el año 379. Construida y reconstruida a lo largo de los siglos con una simplicidad deliberada, su basílica, erigida originalmente en estilo románico lombardo, es un legado más que adecuado.

PLANO: P. 104 **D3**

CONSEJO
Poco concurrida en general, la iglesia *(gratis)* se puede ver en menos de 1 h.

Escanea este código QR para conocer los horarios y más información.

San Ambrosio y su basílica

San Ambrosio es una figura muy presente entre los milaneses. Tiene su propio festivo, en Porta Vittoria hay un mural con su retrato y este antiguo templo es su lugar de descanso eterno. Mandó erigir esta iglesia para albergar los restos de los jóvenes mártires Gervasio y Protasio. Lo que no sabía era que no tardaría en recibir sepultura en esta basílica que enseguida se convertiría en un lugar de peregrinaje. En los siglos posteriores se le incorporarían un monasterio benedictino, amén de los elementos románicos que caracterizan esta construcción.

Altar dorado

Encargado por el arzobispo Angilberto II y diseñado por el orfebre Volvinus en el año 835 para ser la deslumbrante última morada de Gervasio, Protasio y san Ambrosio, el **altar** es una obra maestra de estilo carolingio, revestida de pan de oro y con piedras preciosas incrustadas. La parte delantera posee elaboradas tallas de escenas de la vida de Jesús, mientras que la parte de atrás, además de estar dedicada al santo patrón, luce dos medallones en los que se observa a Ambrosio coronando al arzobispo Angilberto y a Volvinus. Los restos del santo y sus mártires yacen en la **cripta.**

MARCOCIANNAREL/SHUTTERSTOCK ©

Capilla de San Vittore in Ciel D'Oro

En el **tesoro** (entrada 2 €) espera una preciosa manifestación artística del s. v. El **Sacello San Vittore in Ciel d'Oro** es una pequeña capilla engalanada con mosaicos que, además de preceder en el tiempo a la basílica, cuenta con una rutilante cúpula dorada que se asienta sobre monos alados y grifos. Mirando hacia abajo desde el centro de la cúpula se halla san Víctor, con una corona tachonada de joyas, mientras que en las paredes de alrededor pueden verse varios mártires, entre otros Protasio y Gervasio, el obispo Materno y san Ambrosio.

La columna del Diablo

Frente a la iglesia se alza una **columna** de mármol blanco con dos orificios realizados, según la leyenda, por el diablo, quien tras tratar de tentar sin éxito a san Ambrosio embistió la columna con sus cuernos.

UNA PAUSA
La histórica **Pasticceria Marchesi,** de 1824, es el sitio perfecto para un *espresso* junto a la ajetreada Piazza degli Affari.

CIRCUITO A PIE

Corso Magenta y Sant'Ambrogio

Junto a los refinados establecimientos de Corso Magenta se encuentran tanto ruinas romanas como los frescos de la Chiesa di San Maurizio. El ambiente se vuelve más relajado en los aledaños de la Basilica di Sant'Ambrogio gracias a la cercana Università Cattolica.

INICIO	FINAL	DURACIÓN
Piazza degli Affari	Basilica di Santa Maria delle Grazie	1,9 km; 1½ h

1 Dedo subversivo
Piazza degli Affari, el centro financiero de la ciudad, alberga una escultura polémica: **L.O.V.E.** (*Liberty, Hatred, Vendetta, Eternity,* es decir, "libertad, odio, venganza, eternidad"), de Maurizio Cattelan, una mano tallada en mármol blanco con todos los dedos amputados salvo su provocador dedo corazón. Erigida tras la crisis económica de finales de la década de 2000 frente a la Bolsa de Milán.

2 Capilla bajo las estrellas
Medio en ruinas y carente del techo original, la **Cappella della Madonna del Grembiule** (Virgen del Delantal), en la Chiesa di Santa Maria alla Porta, fue dañada irreversiblemente durante los bombardeos de la II Guerra Mundial y hoy es un enclave escondido de lo más particular.

3 Pastelería histórica
Es momento de sumarse a los lugareños que acuden cada mañana a tomar café en el histórico **Marchesi,** una auténtica institución desde 1824, adquirida por Prada en el 2014 y recreada en otras ciudades del mundo.

4 Ruinas de un palacio imperial
Girando en la esquina con Via Brisa se revelan las ruinas de un **palacio imperial** de finales del s. III y principios del s. IV, cuando Milán era la capital del Imperio romano de Occidente.

5 Sucesión de frescos
Tras ver los celestiales frescos pintados por Bernardino Luini en el s. XVI en la **Chiesa di San Maurizio,** se visita el anejo **Civico Museo Archeologico** para ahondar en la historia de la ciudad.

6 Pausa para un 'panini'
De Santis es una excelente opción para aplacar el hambre con los *panini gourmet* más famosos de la ciudad. Dan fe de su popularidad las fotografías autografiadas de futbolistas famosos y estrellas del cine que atestan las paredes.

7 Conociendo al patrón de Milán
La **Basilica di Sant'Ambrogio,** uno de los templos más antiguos de la ciudad y donde descansan los restos del patrón local, destaca ante todo por el mosaico del techo del tesoro y la columna de mármol exterior con dos agujeros realizados, supuestamente, por el diablo.

8 Admirar 'La última cena'
Para quienes hayan conseguido entradas, la parada final es la Basilica di Santa Maria delle Grazie, para deleitarse con *La última cena* célebre obra de Leonardo, junto a la *Crucifixión* de Montorfano.

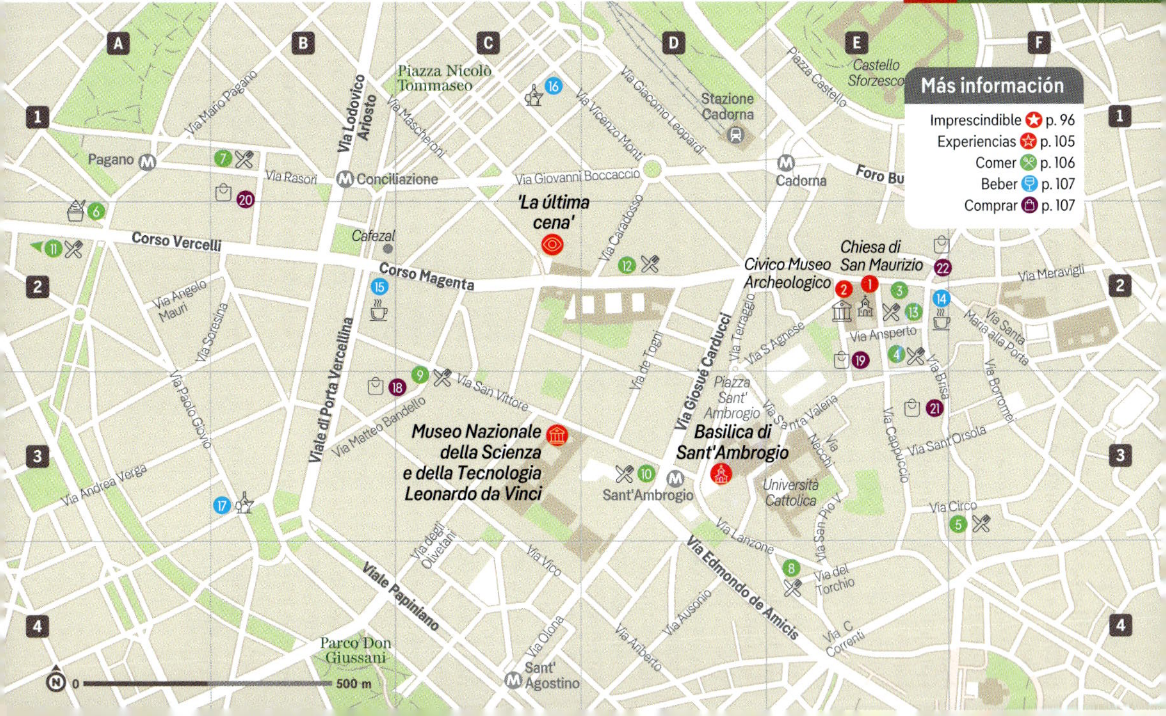
Más información
Imprescindible p. 96
Experiencias p. 105
Comer p. 106
Beber p. 107
Comprar p. 107
'La última cena'
Museo Nazionale della Scienza e della Tecnologia Leonardo da Vinci
Basilica di Sant'Ambrogio
Civico Museo Archeologico
Chiesa di San Maurizio
Castello Sforzesco
Stazione Cadorna
Piazza Castello
Piazza Nicolò Tommaseo
Piazza Sant' Ambrogio
Università Cattolica
Parco Don Giussani
Cafezal
Corso Vercelli
Corso Magenta
Via Lodovico Ariosto
Viale di Porta Vercellina
Viale Papiniano
Via Giosuè Carducci
Via Edmondo de Amicis
Foro Bu
Via Giovanni Boccaccio
Via Vicenzo Monti
Via Giacomo Leopardi
Via Mascheroni
Via Mario Pagano
Via Rasori
Via Angelo Mauri
Via Soresina
Via Paolo Giovio
Via Andrea Verga
Via Matteo Bandello
Via San Vittore
Via Caradosso
Via de Togni
Via Terraggio
Via S Agnese
Via Ansperto
Via Brisa
Via Meravigli
Via Santa Maria alla Porta
Via Borromei
Via Sant'Orsola
Via Cappuccio
Via Santa Valeria
Via Necchi
Via San Pio V
Via Circo
Via Lanzone
Via del Torchio
Via C Correnti
Via Ausonio
Via Ariberto
Via Olona
Via Vico
Via degli Olivetani
Pagano
Conciliazione
Cadorna
Sant'Ambrogio
Sant' Agostino
A B C D E F
1 2 3 4
0 500 m

Maravillarse ante los frescos de la Chiesa di San Maurizio IGLESIA

PLANO: 1 P. 104 **E2**

Otrora un convento benedictino, esta **capilla real** *(museoarcheologicomilano.it; gratis)* del s. XVI es la joya escondida de Milán. Su sobria fachada de piedra gris es la antesala a un precioso interior cubierto de espectaculares frescos, obra en su mayoría de Bernardino Luini, quien trabajó con Leonardo. Muchos de ellos inmortalizan la figura del experto literario milanés Ippolita Sforza y de otros miembros de los poderosos clanes Sforza y Bentivoglio, quienes costearon la decoración de la capilla. Se trata de una de las colecciones más completas de pintura lombarda de la década de 1500.

Una pequeña puerta a la izquierda del altar da acceso a una recoleta sala en la que las monjas de clausura se reunían para orar y cantar acompañadas de un órgano del s. XVI. Los frescos aquí pintados presentan una ligera variación respecto a la temática al representar a santas martirizadas; repárese en santa Lucía sosteniendo sus ojos sosegadamente o en santa Ágata, que lleva con aire despreocupado sus pechos en una bandeja.

Descubrir la ciudad escondida del Civico Museo Archeologico MUSEO

PLANO: 2 P. 104 **E2**

Junto a la Chiesa di San Maurizio, parte del Monastero Maggiore, del s. VIII, en tiempos el convento benedictino más importante del lugar, el **Museo Arqueológico de Milán** *(museoarcheologicomilano.it; adultos/niños 5/3 €)* permite asomarse a la antigua ciudad de Mediolanum bajo la actual metrópolis.

Se accede por un claustro donde pueden verse fragmentos de las antiguas murallas romanas. Las salas de la planta baja contienen una importante exposición de objetos de la Mediolanum romana, mientras que en los pisos superiores se relata la historia de la ciudad a través de colecciones de piezas etruscas, griegas, góticas y lombardas. En el jardín se alzan dos torres del s. III, conservadas sorprendentemente bien, que fueron incorporadas al monasterio medieval. La torre poligonal pasó a ser una capilla con una serie de santos pintados al fresco, mientras que la torre cuadrada (en la zona mejor preservada del circo romano) era el campanario del convento. También pueden verse las ruinas de una casa aristocrática de finales del s. I.

SUGERENCIAS

Lo mejor para...

€ Económico €€ Medio €€€ Alto

Localizaciones en el plano de la **p. 104**

Comer

'Pizzas' y 'panini'

De Santis €
3 E2
Histórico, diminuto y adorado por celebridades y genios del balón, el local original de De Santis sirve unos *panini* memorables. *paninidesantis.it; 11.00-23.00*

Da Zero €
4 E2
Oriundo de Vallo della Lucania, Da Zero prepara las que quizá sean las mejores *pizzas* sureñas de la ciudad. *dazero.org; 12.30-14.30 y 19.30-22.30 lu-ju, hasta 23.00 vi, 12.30-15.00 y 19.30-23.00 sa, hasta 22.00 do*

Confine €
5 F3
Elegida la segunda mejor pizzería de Italia por *50toppizza.it* en el 2024, es parada obligada para los expertos. La degustación con maridaje de vinos elevará la experiencia a cotas desconocidas. *confinemilano.it; 19.00-24.00 lu-sa*

'Gelato'

Gnomo Gelato €
6 A2
Su helado, hecho a base de ingredientes de primerísima, comprende una extensa selección de sabores clásicos y sorprendentes. *lognomogelato.it; 12.00-23.00 lu-sa, 11.00-23.00 do*

Bistrós modernos

Insieme €€€
7 B1
Dirigido por una joven pareja, triunfa con una certera carta de cocina mediterránea sin pretensiones. *insieme.restaurant; 19.30-22.30 ma-sa, 12.30-14.30 do*

Zibo Campo Base €€
8 E4
Lo que en el 2015 empezó siendo una gastroneta con aspiraciones es hoy un moderno y consolidado bistró regentado por un matrimonio. Se recomiendan los *ravioli* de la casa. *zibocuochiitineranti.it; 12.30-14.30 y 19.30-22.00 ma-sa*

BistRo Aimo e Nadia €€€
9 C3
Ideado por la galerista Rossana Orlandi, la fórmula ganadora de este restaurante con una estrella Michelin se basa en sus jóvenes y talentosos chefs, sublimes sabores y una estética envidiable. *aimoenadia.com/bistro-aimo-e-nadia; 12.00-15.00 y 19.00-23.00 ma-sa*

'Osterias'

Osteria la Carbonaia €€
10 D3
De la parrilla de esta *trattoria* de regusto casero salen suculentas costillas, chorizos y bistecs a la Fiorentina. *osterialacarbonaia.it; 12.30-14.30 lu-vi, 19.30-23.00 lu-sa*

Osteria al Molo 13 €€
11 A2
El restaurante de barrio de Pino Zucca se congratula por su apasionada cocina sarda, desde delicado *carpaccio* a langosta a la catalana. *molo13.it; 12.00-14.30 ma-sa, 19.00-23.30 lu-sa*

Ocasiones especiales

Cavoli a Merenda €€€

12 D2

Vanessa, una antigua gestora de proyectos convertida en chef, ofrece íntimas cenas en la florida terraza de un aristocrático *palazzo*, además de impartir clases de cocina. *cavoliamerenda.eu; 12.30-14.30 y 20.00-22.30 ma-vi*

La Brisa €€€

13 E2

Discreta, elegante y romántica: así es la refinada cocina italiana del chef Antonio Facciolo en un recoleto patio. *ristorantelabrisa.it; 12.30-15.30 lu-vi, 19.30-24.00 lu-sa*

Beber

Café y dulces

Pasticceria Marchesi

14 E2

El local original de Marchesi, de 1824, es el lugar más selecto de Milán para disfrutar de un café y algo dulce. *marchesi1824.com; 19.30-21.00 lu-sa, desde 8.30 do*

Biffi Pasticceria

15 B2

Los orgullosos creadores de la receta del *panetùn* (*panettone,* de 1847) ocupan un histórico local muy propicio para un café, un bollito de crema o un cóctel. *biffipasticceria.it; 6.30-20.30 lu-do*

'Aperitivo'

Ricerca Vini

16 C1

Más de 2500 vinos acompañados de raciones de *prosciutto* y queso. *ricercavini.it; 16.00-22.00 lu, 10.00-22.00 ma-vi, 10.00-13.00 y 16.00-20.00 sa*

Bottiglieria Bulloni

17 B3

Abierto en 1933, este híbrido de bar y *bottiglieria* (licorería), insuperable para el *aperitivo,* se limita a servir *crostini,* aceitunas y pepinillos, más un *spritz* bien preparado. *7.00-23.30 lu-vi, 8.00-13.30 y 18.00-23.30 sa*

Comprar

Arte y diseño

Rossana Orlandi Gallery

18 B3

Presentada por la icónica Rossana Orlandi, esta antigua fábrica de corbatas es un tesoro repleto de muebles contemporáneos, lámparas y muchos más artículos creados por diseñadores prometedores. *rossanaorlandi.com; 10.00-19.00 lu-vi*

Galleria L'Affiche

19 E2

Pósteres *vintage,* láminas de arte, fotografías... L'Affiche es objeto de culto y cuenta con una fiel nómina de artistas. *affiche.it; 14.30-20.00 lu, 10.00-20.00 ma-sa*

Moda y accesorios

Al Bazar

20 B1

Abierta por el referente de la moda milanesa Lino Ieluzzi, abunda en elegantes blazers, solapas anchas y colores atrevidos. *albazarmilano.it; 10.00-19.00 lu-sa*

Pellini

21 E3

Su taller y almacén original de 1947 es un coqueto espacio con columnas, muy indicado para las pulseras y pendientes de resina de Donatella y sus hermosos collares de piedras semipreciosas. *pellini.it; 14.30-19.00 lu, 10.00-19.00 ma-vi*

Risi

22 E2

Clásicos atemporales, desde camisas blancas de lino a merceditas de terciopelo. *risimilano.wordpress.com; 15.00-19.00 lu, 10.00-14.30 y 15.00-19.30 ma-sa*

Sugerencias de lugares para comer, beber y comprar en **p. 115**

Explora
Ticinese, Navigli y Tortona

Así llamado por sus canales, vestigio de la amplia red de vías navegables que en su día contribuyó a la prosperidad de la ciudad, Navigli es el barrio más fotogénico de Milán, con un ambiente único. Al atardecer, los bares junto a los canales se abarrotan de gente que toma el *aperitivo* antes de acudir a los clubes aledaños. Al norte, en Ticinese, tiendas *vintage* y de moda urbana conviven con reclamos llenos de historia, como las columnas romanas de San Lorenzo y la iglesia paleocristiana de Sant'Eustorgio, mientras que cruzando las vías del tren, en Zona Tortona, varias fábricas antiguas se han reciclado en espacios de moda.

Cómo desplazarse

Metro
Porta Genova en la línea M2 (verde) es la estación más próxima a los canales; Sant'Agostino, también en la M2, va bien para el Parco Solari y Viale Papiniano.

Tranvía
El nº 3 es útil para las tiendas de Corso di Porta Ticinese, Piazza XXIV Maggio y el canal de Alzaia Naviglio Pavese; el nº 9 recorre de este a oeste tanto Viale Col di Lana como Via Vigevano.

Bicicleta
Pese a haber carriles-bici en la zona de la dársena, suelen llenarse de peatones.

Canal de Naviglio Grande, Navigli.
BORIS STROUJKO/SHUTTERSTOCK ©

LO MEJOR

MUSEO DE MODA
Armani/Silos (p. 113)

MERCADO
Mercatone dell'Antiquariato (p. 114)

CLUB DE DÍA
Arca (p. 116)

TIENDAS 'VINTAGE'
Via Giacomo Mora (p. 111)

CENTRO CULTURAL
Base (p. 116)

CIRCUITO A PIE

Ticinese, Navigli y Tortona

La zona más alternativa de Milán comienza en Corso di Porta Ticinese, un barrio antes degradado donde hoy se citan los estudiantes en sus tiendas de moda urbana y restaurantes baratos. Cruzando Piazza XXIV Maggio se llega al palpitante Navigli, repleto de locales nocturnos y bares. Al oeste, las antiguas fábricas de Tortona acogen estudios y salas de exposiciones.

INICIO	FINAL	DURACIÓN
Via Giacomo Mora	Base	3 km; 2 h

1 Tiendas 'vintage'

En **Via Giacomo Mora** hay varias tiendas *vintage* con un montón de tesoros. **Cavalli e Nastri** tiene dos locales (uno de hombre y otro de mujer) en sendos extremos de la calle, con una selección de YSL, Hermès y otras marcas. **Bivio** ofrece un abanico de marcas y precios más amplio, lo que se traduce en mayores probabilidades de dar con una ganga.

2 Columnas romanas

Por la vía principal se llega a las majestuosas **Colonne di San Lorenzo,** 16 columnas corintias rescatadas de un maltrecho edificio romano erigido en pleno apogeo de Mediolanum, que hoy conforman el pórtico de una iglesia, ofreciendo refugio a parejas y a trabajadores en su hora del almuerzo.

3 Relicario de los Reyes Magos

La **Basilica di Sant'Eustorgio** *(chiostrisanteustorgio.it),* una de las más antiguas de la ciudad, se erigió en el s. IV para albergar las reliquias de los tres Reyes Magos. Y aunque las robaron en el s. XII, todavía se encuentra parte de ellas aquí, junto al sarcófago de mármol en el que fueron traídas desde Constantinopla.

4 Comida callejera en los muelles

Se cruza la *piazza* principal hacia la **dársena.** Lo que antaño era el puerto más importante de la ciudad se ha transformado en una plaza peatonal con un mercado de alimentación. No hay que perderse sus exquisitos bocados de comida callejera, incluidas las *mondeghili* (albóndigas milanesas) de **Macelleria Popolare.**

5 En busca de antigüedades

Un lugar de visita ineludible el último domingo de mes es el **Mercatone dell'Antiquariato,** que se monta a lo largo de Naviglio Grande. Con más de 400 vendedores de antigüedades, promete horas de diversión en busca de tesoros (desde tazas de té a futuristas lámparas de la década de 1970).

6 El mundo de Armani

Se pueden conocer los tenues tonos, trajes deconstruidos y vestidos drapeados que dieron fama a Giorgio Armani en el **Armani/Silos,** un templo de hormigón consagrado a la carrera profesional de uno de los diseñadores más celebrados de la ciudad.

7 Complejo cultural

Luego hay que dejarse caer en el cercano **Base** para ver qué acontece en este centro cultural, espacio de *coworking* y bistró cuya programación comprende desde minifestivales de arte a proyecciones de cine experimental, pasando por sesiones de DJ y noches de fiesta en el patio.

A
B
C
D
1
2
3
4
5
6
0
500 m
Via Vico
Via Olona
Via Necchi
Via Brisa
Via Lanzone
Via Torino
Via della Palla
Piazza Sant'Agostino
Via Edmondo de Amicis
Via Caminadella
Via C Correnti
Via S Vito
Via Olmetto
Via Disciplini
Via Cesare da Sesto
Via Ausonio
Via Arberto
Via Torti
Sant'Agostino
Parco delle Basiliche
Parco Don Giussani
Viale Papiniano
Corso Genova
Via Marco d'Oggiono
Via Molino delle Armi
Via Savona
ZONA TORTONA
Corso C Colombo
Via Gaudenzio Ferrari
Via Arena
Corso di Porta Ticinese
Via Cosimo del Fante
Museo delle Culture
Viale Gorizia
Viale Gabriele D'Annunzio
Darsena
Piazza Sant'Eustorgio
Corso Italia
Stazione Porta Genova
Porta Genova
Via Vigevano
Via Sambuco
Armani/Silos
Via Corsico
Naviglio Grande
Viale Gian Galeazzo
Piazza XXIV Maggio
Viale Col di Lana
Via Valenza
Via Casale
Ripa di Porta Ticinese
Mag Cafè
Alzaia Naviglio Grande
Mercatone dell'Antiquariato
Via Magolfa
Rita
Via Custodi
Via Pietro Teulié
Via Angelo Fumagalli
NAVIGLI
Naviglio Pavese
Via Ascanio Sforza
Corso San Gottardo
Via Giovenale
Via Gola
Via Castelbarco
Via Giosuè Borsi
Via Pavia
Via Odoardo Tabacchi
Via Giovanni Segantini
Via Conchetta
Via Brioschi
Via Giambologna
Via Darwin
Via Zamenhof
Viale Tibaldi
Romolo
Viale Liguria
Via La Spezia
Via Giuseppe Meda
Milano Romolo
Via Imperia
Alzaia Naviglio Pavese
Más información
Experiencias p. 113
Comer p. 115
Beber p. 116
Comprar p. 117

Sumirse en la creatividad de la Semana del Diseño INTERIORISMO

Lo que empezó siendo un acto paralelo del Salone del Mobile (Feria del Mueble) se ha convertido en una feria gratuita de una semana, seguramente la mayor cita europea en materia de diseño. Conocida como **Fuorisalone** *(fuorisalone.it/en)*, la Semana del Diseño atrae a miles de fabricantes, compradores, creativos y curiosos, con la esperanza de encontrar nuevas ideas y hacer contactos. Cada año es más grande y atrae a más gente, dado que cualquiera puede asistir. Esto tiene, un inconveniente: las larguísimas colas para acceder a las exposiciones más publicitadas.

Suscitan mucho interés una deslumbrante colección de artículos para el hogar de Hermès y una sorprendente instalación de Dimorestudio. Por otro lado, Alcova parece ocupar siempre los mejores espacios (un año se instaló en una enorme fábrica abandonada, otro en históricas villas decimonónicas), con su muestra de diseñadores emergentes. Se puede consultar toda la programación en la web.

Recibir una clase de elegancia en el Armani/Silos MUSEO

PLANO: 1 P. 112 A3

Alojado en un edificio de hormigón contemporáneo creado a partir de un antiguo silo de cereales de Nestlé, el epónimo **museo** de Giorgio Armani *(armanisilos.com; adultos/niños 12/6 €)* es un compendio de pasión por la sastrería más elegante. Es un repaso a casi 50 años de carrera a través de unas 200 prendas y un número similar de accesorios de sus colecciones *prêt-à-porter.* Se verán, también, sus piezas de influencia oriental, los trajes deconstruidos popularizados por famosos como Richard Gere o Michael Jordan en la década de 1990, y los geniales vestidos de noche adornados con cuentas utilizados por muchas estrellas de Hollywood. Hay incluso un archivo digital donde se pueden descubrir todas las creaciones de Armani y un elegante café para descansar tras la experiencia. Además, suele albergar soberbias exposiciones temporales en clave de moda y diseño, como muestras de los influyentes fotógrafos de moda Guy Bourdin y Peter Lindbergh.

Tomar un 'aperitivo' junto al canal BAR

Saborear un *aperitivo* a la vera de los coquetos canales de Milán es una de esas cosas que hay que hacer, por más turística que hoy en día pueda parecer. Es una tradición que resulta más atractiva de noche, al iluminarse los canales. Eso sí, aunque todos los bares de Naviglio Grande ofrecen un *aperitivo* tipo bufé, no todos son iguales.

Las abundantes trampas para turistas son fácilmente reconocibles por la promesa de bebidas baratas unida a un simpatiquísimo y atento camarero. Lo mejor es

LOS TESOROS DE SEGUNDA MANO EN UN MERCADO DE ANTIGÜEDADES

PLANO: 4 P. 112 **A4**

Por si no hubiera suficientes excusas para pasear por los canales, el último domingo de mes se instala a lo largo de Naviglio Grande (desde Viale Gorizia hasta Via Valenza) un extenso **Mercatone dell'Antiquariato** *(navigliogrande.mi.it/mercatone-dellantiquariato; 9.00-19.00)* que se desparrama por Via Corsico y Via Paoli. Más de 400 vendedores ofrecen desde estatuas de leopardos de tamaño natural a sillas de diseño de mediados de siglo, pasando por lámparas de la década de 1970, antiguos camafeos, tejanos de segunda mano y equipo militar. Más que gangas, se encontrarán cosas únicas.

optar por los clásicos, como **Mag Cafè** (PLANO: 2 P. 112 **B4**), decorado con un ecléctico batiburrillo *vintage* y que triunfa gracias a sus creativos cócteles elaborados con curiosas hierbas y siropes. Para algo más íntimo, Mag cuenta con un pequeño bar contiguo, el **Backdoor 43** *(backdoor43.superbexperience.com)*. Siguiendo junto al canal se topa con el bar **Rita** (PLANO: 3 P. 112 **A4**), que lleva más de 20 años en la brecha y gusta mucho a los lugareños por sus excepcionales cócteles y por su toque personal.

Expandir la mente en el MUDEC

MUSEO

PLANO: 5 P. 112 **A3**

Con sede en la antigua fábrica de Ansaldo, el milanés **Museo delle Culture** (MUDEC; *mudec.it; precio variable*) aspira a ser un foro de diálogo entre pueblos y culturas del mundo en los diversos espacios de cristal y hormigón que conforman este complejo industrial rediseñado por el arquitecto británico David Chipperfield.

La colección permanente *(gratis)* relata la historia de Milán y su lugar en el escenario mundial desde el s. XVI a hoy. Temas como la globalización, las aspiraciones imperiales y el multiculturalismo de Italia se abordan a través de una selección de más de 500 objetos. Una silla de manos decorada con recargada *chinoiserie* revela la pasión por Oriente del Milán del s. XVIII. *Oggi per domani* ("hoy por mañana"), de Christopher Veggetti Kanku, explora el cambiante tejido social del país. Entre sus muestras temporales figuran una exposición de la obra de Jean-Michel Basquiat desde la mirada de la raza y la identidad, y la estética de Frida Kahlo en el contexto de varias piezas indígenas mesoamericanas.

Si el presupuesto lo permite, se puede comer en **Enrico Bartolini** (escaleras arriba, p. 116), el único restaurante de la ciudad con tres estrellas Michelin.

Localizaciones en el plano de la **p. 112**

Lo mejor para...

€ Económico €€ Medio €€€ Alto

Comer

Comida callejera

Macelleria Popolare €
6 C3
Se recomienda unirse a la cola de la "carnicería popular" del Mercato Comunale para probar sabrosos platos de comida callejera como *modeghili* (albóndigas milanesas) o *lampredotto* (abomaso de vaca). *mangiaridistrada.com; 11.00-23.00 ma-ju, hasta 24.00 vi-do*

(R)esistenza Casearia €
7 C3
Giuseppe Zen, gurú gastronómico milanés, regenta este bar del Mercado Comunale que sirve tablas con algunos de los mejores quesos lombardos de leche cruda. *mangiaridistrada.com; 11.00-23.00 ma-ju, hasta 24.00 vi-do*

LatteNeve €
8 B3
Carlo Lanzoni prepara uno de los mejores helados empleando ingredientes ecológicos. Se recomienda su distintivo grigio Milano ("gris Milán"). Amplia selección vegana. *12.30-23.30 lu-ju y do, hasta 24.00 vi-sa*

Dulces y café

Gattullo €
9 D3
Inaugurada en 1961 por "Peppino" Gattulo, esta pastelería recibe cada mañana clientes ávidos de probar sus *sfoglie al mirtillo* (cruasanes rellenos de arándanos). *gattullo.it; 7.00-21.00 ma-do*

Pasticceria Cucchi €
10 C2
Se puede disfrutar de la historia milanesa en este establecimiento fundado por la familia Cucchi en 1936, tan propicio para probar excepcionales *petit fours* y pequeños sándwiches como para ver el trasiego. *pasticceriacucchi.it; 7.30-21.30*

Hygge €€
11 B2
Este cálido refugio rebosa toques nórdicos, desde su interior dominado por plantas a sus *smørrebrød* (tostas danesas). *hyggecorner.com; 9.00-15.30 lu-vi, 10.00-16.00 sa-do*

'Trattorie'

Osteria del Binari €€€
12 A3
Opíparas raciones de pasta hecha a mano, clásicos milaneses y un jardín cubierto de parras. *osteriadelbinari.it; 7.00-15.30 y 19.30-1.00*

L'Osteria Grand Hotel €€
13 B6
Una de las contadas tabernas clásicas que se conserva en la ciudad, ideal para saborear clásicos lombardos bajo una pérgola envuelta en glicinas. *grandhotelosteria.it; 12.30-14.30 sa-do, 19.30-24.00 ma-do*

Trattoria della Gloria €€
14 B4
Un joven equipo ha insuflado vida a esta *trattoria* de barrio en la que los sabores italianos se conjugan con la pasión y el detallismo. *trattoriadellagloria.com; 12.30-15.00 sa-do, 19.30-24.00 mi-do*

Neo-bistrós

Nebbia €€€
15 C5
Una estética con onda y una soberbia cocina moderna han convertido este vistoso bistró en una exitosa propuesta. *nebbiamilano.com; 12.30-15.00 y 18.00-1.00 mi-do*

Bentoteca €€€
16 B2
El que fuera chef del venerado Massimo Bottura ha lanzado un proyecto propio en el priman los platos japoneses a partir de ingredientes italianos. El tuétano a la plancha está de fábula. *bentoteca.com; 12.30-15.00 vi-do, 19.00-23.00 mi-do*

Cocina de altos vuelos

Langosteria €€€
17 A2
Gambas rojas sicilianas, *carpaccio* de pescado, *linguine* con cangrejo... Se dice que este establecimiento de lo más chic tiene los mejores frutos del mar de la ciudad. *langosteria.com; 18.00-24.00*

Enrico Bartolini €€€
18 A3
Obras de arte en miniatura e intensos sabores del único restaurante de Milán con tres estrellas Michelin. *enricobartolini.net/ristorante-mudec-milano; 12.30-14.00 y 19.30-22.00 ma-sa*

Beber

Vinotecas

e/n enoteca naturale
19 C3
Sus más de 4000 caldos, unidos a buenas raciones y sus vistas a la basílica, no hacen sino avivar la pasión local por los vinos naturales. *enotecanaturale.it; 18.00-23.30*

Bicchierino
20 A4
El bar milanés del momento se presta a codearse con creativos y fotógrafos mientras se disfruta de vinos naturales y raciones para compartir en un espacio entre chic y espartano. *18.00-24.00 ma-sa*

Cócteles

Mag Cafè
2 B4
Su ecléctica decoración casa a la perfección con sus excepcionales cócteles, elaborados de manera creativa a partir de curiosas hierbas y siropes, y servidos en copas *vintage*. *farmilygroup.com; 8.00-2.00 lu-vi, 9.00-2.00 sa y do*

Rita
3 A4
Esta coctelería de estilo norteamericano lleva 20 años agradando a los locales con cócteles creativos de veras y clásicos con un toque distinto. *ritacocktails.com; 17.30-2.00 lu-sa*

Ugo
21 B3
Con un ambiente retro, seducirá a los amantes de la sofisticación clásica necesitados de un cóctel a base de ron o *whisky*. *ugobar.it; 18.00-2.00 ma-do*

Clubes

Base
22 A3
En la antigua fábrica de Ansaldo hoy se encuentra un centro cultural que acoge talleres, conciertos y fiestas al aire libre (sobre todo en verano). Más información en su web. *base.milano.it; horario variable*

Arca
23 A6
Una clientela estudiantil abarrota los domingos por la tarde (gratis) este versátil espacio tipo búnker que hace las veces de bar, bistró, galería y club, un completo plan de la mañana a la noche. *arcamilano.eu; horario variable*

Apollo Milano
24 B5
La gente a la última se cita en este polifacético *loft* industrial que tienta con noches de música electrónica y *trip-hop* bajo una bola de discoteca. *apollomilano.com; horario variable*

Superlove
25 C2
Diminuto y céntrico, ideal para bailar a ritmo de pop, *house* y electrónica en esas ocasiones en que apetece salir sin tener que ir demasiado lejos. *linktr.ee/superlove; 24.00-5.00 vi y sa*

Comprar

Moda

Frip
26 C2
Modesta tienda llevada por un matrimonio con predilección por la estética DJ que ofrece marcas de vanguardia como Acne, Our Legacy y Eytys. *11.00-14.30 y 15.30-20.00 lu-vi, 11.00-14.00 y 15.00-20.00 sa, 15.00-20.00 do*

Biffi
27 B2
La comerciante Rosy Biffi vio potencial en Giorgio Armani y Gianni Versace mucho antes de que alcanzaran fama mundial. Selección de grandes marcas. *biffi.com; 10.00-19.00 lu-sa*

Mauro Leone
28 C3
Desde mocasines verde kiwi de ante a bailarinas rojo Ferrari: ¡nadie se resiste a un par de zapatos hechos en Italia por menos de 100 €! *mauroleone.com; 13.00-19.30 lu y do, 10.30-14.30 y 15.30-19.30 ma-sa*

Tiendas conceptuales

Tenoha
29 B3
Llegada de Tokio, la única *concept store* japonesa de Milán combina un vistoso café y una tienda de menaje y diseño con un espacio de *coworking* y una galería. *tenoha.it; 10.30-20.30 lu-vi, hasta 21.30 sa, hasta 20.30 do*

NonostanteMarras
30 A2
Oculta en un patio cubierto de hiedra, la *concept store* del diseñador de moda sardo Antonio Marras presenta ropa tan oscura como romántica y un caprichoso diseño interior. *antoniomarras.com; 10.00-13.00 y 14.00-19.00 lu-mi, hasta 17.00 sa*

'Vintage' y singulares

Cavalli e Nastri
31 C2
Frente a su tienda de ropa de mujer se halla esta mina de oro con montones de prendas vintage de hombre, incluidos trajes a medida, suéteres estampados de Armani y corbatas Hermès. *cavallienastri.com; 10.30-13.30 y 14.30-19.30 lu-sa, 12.00-19.30 do*

Bivio
32 C2
Tienda de compra-venta con moda de segunda mano para mujer a una fracción del precio original de venta. Unos números más allá está su equivalente para hombres. *biviomilano.it; 11.00-19.30*

Il Meneghello
33 C2
Osvaldo Menegazzi empezó diseñando y vendiendo en la década de 1970 cartas del Tarot hechas a mano, y su sobrina se encarga hoy de seguir la tradición. Sus barajas comprenden desde extravagantes diseños de inspiración gatuna a clásicos del s. XVIII. *ilmeneghello.it; 11.00-19.00 ma-sa*

CIRCUITO A PIE

NoLo: rompedor, gay y multicultural

El popular NoLo ("al norte de Loreto") es un multiétnico barrio LGTBIQ+, con arte callejero, noches de *drags* y una buena dosis de alborotada diversión. Para familiarizarse con sus diversas facetas, lo mejor es ir del pintoresco canal de Martesana (al norte) a Piazza Morbegno, el eje neurálgico del barrio.

INICIO	FINAL	DURACIÓN
Tipografia Alimentare	Piazza Morbegno	3 km; 2 h

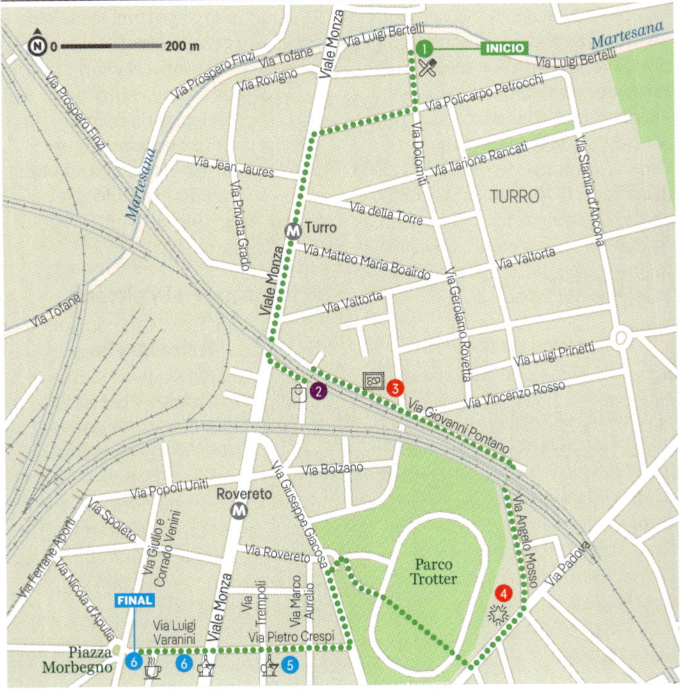

1 Desayuno junto al canal

Se empieza desayunando en el menos conocido canal de Martesana, tan encantador como Naviglio Grande y sin multitudes. Un sitio en boga es **Tipografia Alimentare** *(tipografiaalimentare.it; comidas 35-50 €)*, con una sugerente gama de bollería integral y terraza junto al agua.

2 Muebles modernos y objetos coleccionables

Los entusiastas de lo retro estarán en su elemento en **Magazzino76** *(magazzino76.it)*, un almacén lleno de muebles y artículos coleccionables, muchos de ellos restaurados. Entre sus codiciados tesoros se encontrarán sillas Monk de Tobia Scarpa y singulares accesorios como alfombras de pelo largo de la década de 1970 o un sacacorchos con forma de caniche. **Crazy Art** *(crazyart-milano.com)*, en el mismo patio, tiene cachivaches y objetos curiosos.

3 Arte cerca de las vías

Siguiendo la vía de tren hacia el este por Via Pontano se descubrirá el siempre cambiante panorama del **arte callejero**, en el que desatacan los murales de artistas como Vincenzo Vim, Irwin y Hot in Public.

4 Un espacio cultural muy verde

La siguiente parada es **mosso** *(mosso.org)*, un antiguo internado reconvertido en un extenso espacio cultural con bar, pizzería, talleres, música en vivo y sesiones de DJ, además de huerto y jardín. Después, se enfila hacia el **Parco Trotter**, el pulmón verde de NoLo, donde suele reunirse gente que va de pícnic, a patinar o a jugar al baloncesto o al voleibol.

5 Más que una librería

Al otro lado del parque está **Anarres Libreria Bistrot** *(anarres.it)*, una acogedora librería con bar y café que captura el espíritu del barrio. Tras revisar su selección obras nuevas y de segunda mano, se puede pasar un rato tomando algo y, con suerte, disfrutando de una actuación en directo, un evento o un acto literario.

6 Vino natural y pimpón

La ruta concluye en el corazón del barrio, **Piazza Morbegno.** Una buena opción para saciar el hambre es **Silvano Vini e Cibi Al Banco** *(silvano.superbexperience.com; comidas 40-60 €)*, conocido por sus sustanciosos platos al horno y vinos naturales. La noche llega a su fin en el cercano bar de ambiente **NoLoSo** *(nolosomilano.it)* o echando una partida de pimpón en la *piazza*.

Sugerencias de lugares para comer, beber y comprar en **p. 129**

Explora Porta Romana y Porta Vittoria

El acaudalado barrio de Porta Romana está lleno de *trattorie* y modernos restaurantes, amén de bares baratos y otros de más nivel en torno a Viale Bligny y Via Muratori, frecuentados por los estudiantes de las universidades Statale y Bocconi. Porta Vittoria, al este, es sinónimo de tiendas independientes, flamantes restaurantes y espacios verdes. El sello de la gentrificación se palpa por doquier, desde la *cool* Sidewalk Kitchens a la polifacética Cascina Cuccagna. Por su parte, la deslumbrante Fondazione Prada de Rem Koolhaas ha logrado regenerar la zona junto a las vías del tren.

Cómo desplazarse

Metro

Para el spa QC Termemilano y las piscinas de los Bagni Misteriosi, hay que bajarse en Porta Romana, en la línea M3 (amarilla); para la Fondazione Prada, se sigue hasta Lodi TIBB, en la M3.

Tranvía

El nº 9 recorre Viale Premuda hasta Rotonda della Besana; los nº 12 y 27 circulan por Corso di Porta Vittoria y Corso XXII Marzo.

Tren subterráneo

Este servicio, conocido como Passante, conecta el área metropolitana de Milán con la estación de Porta Vittoria.

Rotonda della Besana (p. 128).
VALESTOCK/SHUTTERSTOCK ©

LO MEJOR

ESPACIO DE ARTE
Fondazione Prada (p. 122)

CENTRO DE BIENESTAR
QC Termemilano (p. 127)

PARQUE HISTÓRICO
Rotonda della Besana (p. 128)

CLUB GAY
Plastic (p. 131)

GRANJA REMODELADA
Un Posto a Milano (p. 130)

★ IMPRESCINDIBLE

Fondazione Prada

Esta antigua destilería reconvertida en **centro de las artes** es todo cuanto cabría esperar de una gran dama como Miuccia Prada. Diseñado por el galardonado arquitecto Rem Koolhaas, el complejo es muy elegante, apenas superado por las obras maestras que atesora, como los tulipanes de Jeff Koons o las caprichosas setas de Carsten Höller.

PLANO: P. 126 **C5**

CONSEJO
Explorar todos sus edificios suele ocupar un par de horas; más si se visitan el bar de Wes Anderson, el restaurante de la Torre y su cine.

Escanea este código QR para descubrir los próximos eventos.

La casa encantada

El visitante quizá se frotará los ojos ante este deslumbrante edificio cubierto de pan de oro. Conocido como la Casa Encantada, contiene una instalación permanente de Robert Gober y dos obras de Louise Bourgeois. Cada planta depara una sorpresa. En *Cell* (*Clothes;* 1996), de Bourgeois, pueden verse enseres personales de la artista en lo que representa un íntimo reflejo de su pasado, mientras que Gober hace que uno se replantee objetos cotidianos con las desconcertantes *Arms and Legs Wallpaper* (1995–2015), y *Corner Door* y *Doorframe* (2014–2015).

'Le Studio d'Orphée'

Esta cápsula del tiempo en la galería sur es una recreación del lugar donde vivía y trabajaba el famoso cineasta francés Jean-Luc Godard. Junto a un equipo de edición cinematográfica y un televisor en el que se reproducen cortos del director se muestran efectos personales, incluidos un vetusto sofá de piel con agujeros tapados con cinta adhesiva, un perchero, libros y cuadros, todo ello traído de la casa-estudio de Godard en Rolle (Suiza). El nombre establece un paralelismo entre el director y Orfeo.

'Processo Grottesco'

Thomas Demand, un artista capaz de recrear cualquier cosa con papel, acostumbra a destruir sus

UNGVARI ATTILA/SHUTTERSTOCK ©

creaciones después de haberlas fotografiado. Esta pieza, construida para su obra fotográfica *Grotto*, es la única que se conserva. Con ayuda de un ordenador, Demand recortó y colocó en capas 30 toneladas de cartón gris con el propósito de reproducir, casi a tamaño real, una cueva de Mallorca. Postales, anuncios y libros complementan la exposición.

Atlas en la Torre

Este monolito de 60 m es el espacio más ambicioso del complejo. Cada uno de sus nueve niveles luce un diseño único, y la altura de los pisos es mayor conforme se va subiendo. Hay seis niveles dedicados a la colección permanente, entre cuyas obras más destacadas figuran el siniestro *Juicio Final* de Damien Hirst y las enormes setas al estilo de *Alicia en el País de las Maravillas* de Carsten Höller.

UNA PAUSA
El centro cuenta con dos lugares formidables para tomar algo: la **Torre** *(torreristorante.com)*, en la 6ª planta, con vistas de la ciudad; y el **Bar Luce,** diseñado por Wes Anderson.

CIRCUITO A PIE

Porta Romana y Porta Vittoria

Con su incombustible encanto milanés, la acomodada zona de Porta Romana posee *trattorie* hogareñas e históricos comercios familiares. Porta Vittoria está prosperando gracias a un parque de nueva construcción y a sus modernos bistrós, mientras que la cercana Fondazione Prada aporta una buena dosis de energía.

INICIO	FINAL	DURACIÓN
Pasticceria Sissi	Fondazione Prada	4,8 km; 2½ h

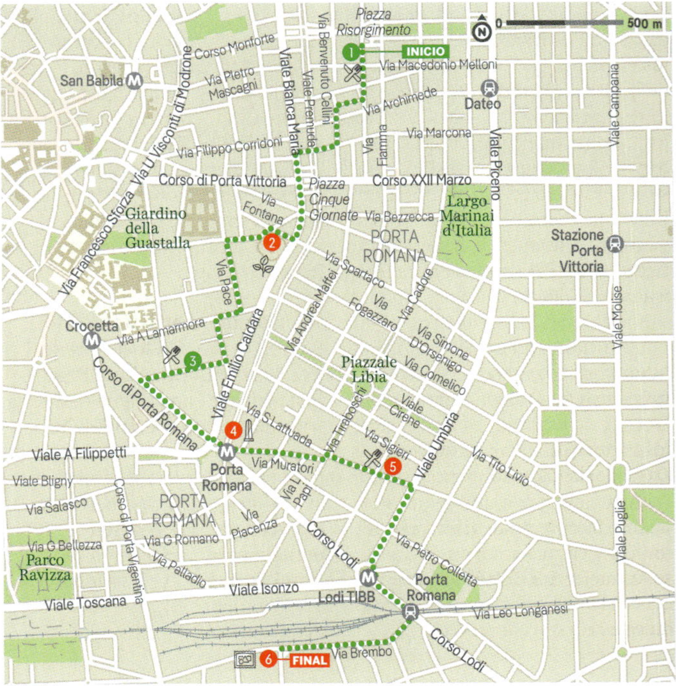

1 Desayuno milanés

Pasticceria Sissi es el sitio de moda para desayunar entre la gente bien. Tras abrirse paso entre abrigos de piel y tomar asiento en su frondoso patio, no hay como deleitar el paladar con sus inconfundibles cruasanes rellenos de mermelada. Después, se pasea por **Via Lincoln,** reparando en sus casas de llamativos tonos pastel, como una suerte de Portobello Rd en miniatura.

2 Insólito parque

En este parque poco convencional se podrán estirar las piernas por los cuidados parterres de césped de la **Rotonda della Besana** y pasear bajo sus soportales viendo los cráneos que coronan los capiteles de las columnas, vestigios de su antiguo uso como camposanto. En lo que fuera una iglesia hay un pequeño bistró y el centro de arte infantil **MUBA** *(muba.it/en; adultos/niños 8/10 €).*

3 Tiendas con solera

Además de ser una de las calles más encantadoras del barrio, **Via Orti** aglutina varios establecimientos históricos, como **Salumeria Drogheria Cassani,** un acogedor delicatesen regentado por la misma familia desde hace más de un siglo. Para algo más sustancioso, es mejor **La Bettola di Piero,** conocida por su contundente comida casera.

4 Puerta imperial

Alzándose serenamente en medio del tráfico se encuentra un austero recordatorio del pasado medieval de Milán: la **'porta'** (puerta) más suntuosa e importante de la ciudad, la cual formaba parte de la muralla levantada por los españoles, inaugurada en 1596 coincidiendo con la llegada de Margarita de Austria, quien se dirigía a contraer matrimonio con Felipe III.

5 Granja urbana

Un buen sitio para huir del barullo es **Cascina Cuccagna,** antigua granja que hoy hace las veces de bar, **restaurante,** pensión, librería, tienda de plantas y espacio de eventos, con huerto y jardín propios incluidos. Por si fuera poco, cada tanto acoge mercados agrícolas y de artesanía. Es fantástico para disfrutar de una bebida al sol acompañada de algún rico bocado hecho a mano.

6 Complejo artístico

Se termina visitando la atractiva y edificante **Fondazione Prada,** instalada en una antigua destilería transformada por Rem Koolhaas con una arquitectura tan impresionante como las transgresoras exposiciones y la colección permanente que alberga. Si se quieren ver más obras contemporáneas, la cercana **Fondazione ICA** *(icamilano.it)* tiene muestras especializadas de diversa índole.

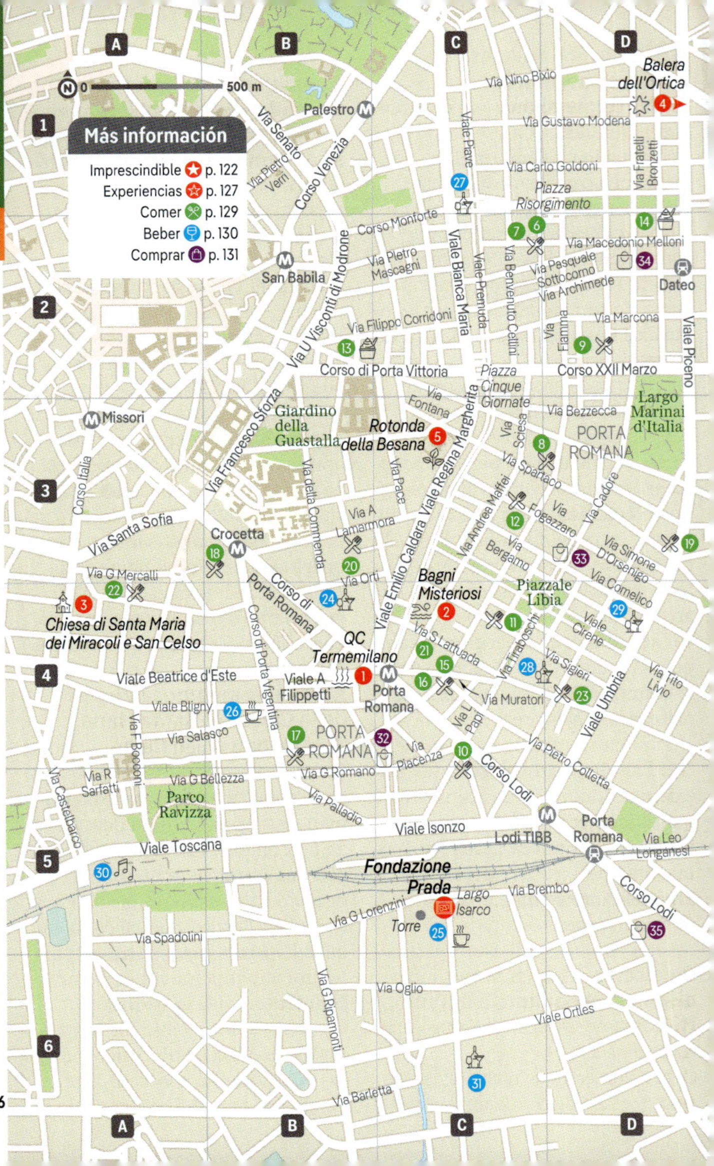
A
B
C
D
1
2
3
4
5
6
0
500 m
Más información
Imprescindible p. 122
Experiencias p. 127
Comer p. 129
Beber p. 130
Comprar p. 131
Balera dell'Ortica
4
Palestro
Via Senato
Via Pietro Verri
Corso Venezia
Via Nino Bixio
Via Gustavo Modena
Viale Piave
Via Carlo Goldoni
Piazza Risorgimento
Via Fratelli Bronzetti
Corso Monforte
Via Pietro Mascagni
San Babila
Via U Visconti di Modrone
Viale Bianca Maria
Viale Premuda
Via Benvenuto Cellini
Via Macedonio Melloni
Via Pasquale Sottocorno
Via Archimede
Dateo
Via Filippo Corridoni
Via Fiamma
Via Marcona
Viale Piceno
Corso di Porta Vittoria
Piazza Cinque Giornate
Corso XXII Marzo
Largo Marinai d'Italia
Via Fontana
Via Bezzecca
PORTA ROMANA
Missori
Giardino della Guastalla
Rotonda della Besana
Via Francesco Sforza
Viale Regina Margherita
Via Sciesa
Via Spartaco
Via Cadore
Corso Italia
Via della Commenda
Via Pace
Via A Lamarmora
Viale Emilio Caldara
Via Andrea Maffei
Via Fogazzaro
Via Simone D'Orsenigo
Via Santa Sofia
Crocetta
Via Bergamo
Via Comelico
Via G Mercalli
Corso di Porta Romana
Via Orti
Bagni Misteriosi
Piazzale Libia
Viale Cirene
Chiesa di Santa Maria dei Miracoli e San Celso
Corso di Porta Vigentina
QC Termemilano
Via S Lattuada
Via Tiraboschi
Via Sigieri
Via Tito Livio
Viale Beatrice d'Este
Viale A Filippetti
Porta Romana
Via Muratori
Viale Umbria
Viale Bligny
Via L Papi
Via Salasco
PORTA ROMANA
Via Piacenza
Corso Lodi
Via Pietro Colletta
Via F Bocconi
Via R Sarfatti
Via G Bellezza
Via G Romano
Via Castelbarco
Parco Ravizza
Via Palladio
Viale Isonzo
Lodi TIBB
Porta Romana
Via Leo Longanesi
Viale Toscana
Fondazione Prada
Largo Isarco
Via Brembo
Corso Lodi
Via G Lorenzini
Torre
Via Spadolini
Via Oglio
Via G Ripamonti
Viale Ortles
Via Barletta

Liberarse del estrés en QC Termemilano

SPA Y SAUNA

PLANO: 1 P. 126 **B4**

Acurrucado tras la muralla española se halla el apacible *spa* **QC Termemilano** *(qcterme.com; entrada 52-78 €),* que remonta sus orígenes al año 500. Ataviado con un almidonado albornoz, el visitante recorre pausadamente los pasillos de esta antigua cochera de tranvías *art nouveau* reconvertida en un lujoso centro de bienestar, escogiendo la sala que le resulte más apetecible. Las opciones son varias, desde una sesión de biosauna en un histórico tranvía revestido de madera, *jacuzzis* al aire libre junto a la muralla o una tenue sala de estimulación multisensorial (con música relajante, esencias aromáticas...). Los más osados tal vez se animen a sumergirse en una poza con agua tan gélida que corta la respiración. En el piso de arriba ofrecen masajes previa reserva.

Para pasar un rato en la sauna casi en solitario lo mejor es llegar temprano. También conviene saber que el ambiente se caldea los viernes y sábados por la noche, aproximadamente 1 h antes del cierre, el momento preferido por las parejas de enamorados.

Deleitarse en las piscinas de Bagni Misteriosi

PISCINA Y CENTRO CULTURAL

PLANO: 2 P. 126 **C4**

Concebido como centro comunitario por el arquitecto Luigi Secchi en 1939 y abandonado en el 2007, este **'lido'** modernista *(bagnimisteriosi.com; precio variable),* con sus enormes piscinas climatizadas, césped bien cortado, sombreados soportales, un bistró y un bar, ha sido minuciosamente restaurado. Además de nadar (hasta 22.00, solo noches seleccionadas), hay baile y conciertos en el adyacente Teatro Franco Parenti. Entre las 18.30 y la 21.00 ofrece, en verano, un *aperitivo* junto a la piscina.

Tiene una piscina infantil con una fuente con flamencos y una olímpica solo para adultos. Suena música a la última de fondo, los vestuarios están impecables y hay socorristas. Tanto al bar como al bistró se accede desde Via Sabina sin necesidad de pagar entrada. Y en invierno se transforma en una bonita pista de patinaje sobre hielo.

Admirar la milagrosa Virgen de la Chiesa di Santa Maria dei Miracoli e San Celso

IGLESIA

PLANO: 3 P. 126 **A4**

Pese a que su extravagante fachada manierista parece fuera de lugar en esta ciudad, esta **iglesia** *(santamariadeimiracoliesancelso.it; gratis)* ha ocupado tradicionalmente un lugar especial en el corazón de los milaneses por el fresco de la Virgen y el Niño (s. xv) del altar izquierdo, al que se atribuyen varios milagros. Según dicen, en 1435, esta Virgen cobró vida y ofreció el Niño Jesús a los varios centenares de fieles allí congregados,

LA ÚLTIMA SALA DE BAILE A LA VIEJA USANZA DE MILÁN

PLANO: 4 P. 126 **D1**

Hoy en proceso de desaparición, estos salones tradicionales de baile fueron en su día como los clubes actuales: un punto de reunión de gente joven, salvo que allí se bailaba tango, vals y *liscio* (típico del norte de Italia). La histórica **Balera dell'Ortica** *(labaleradellortica.com)* estaba también feneciendo hasta que la familia Di Furia le insufló energía renovada. En la actualidad, sus noches de *rock 'n' roll, swing, lindy hop* e incluso *liscio* atraen a una nueva generación y además se imparten clases durante todo el año. Los más tímidos encontrarán pistas de petanca, un mercado *vintage* y un restaurante con comida casera italiana.

y al hacerlo puso fin a un brote de peste que durante cuatro años había causado estragos en Milán. Hoy, sigue siendo costumbre que los recién casados dejen una ofrenda floral a la Virgen para recibir su bendición.

También destacan los frescos realizados por Bergognone, Procaccini y Appiani, dotados de un colorismo sublime. Fuera, un claustro de Cesare Cesariano aporta majestuosidad a la edificación.

Aneja a la iglesia se alza una de las capillas originales, del s. XI, en la que san Ambrosio halló los cuerpos de los mártires romanos Nazario y Celso.

Ver cráneos en la Rotonda della Besana

PARQUE

PLANO: 5 P. 126 **C3**

Se dice que este antiguo cementerio del s. XVII para pobres fue en tiempos el lugar de descanso de casi 150 000 personas, cuando se localizaba en las lindes de la ciudad. Pese a su macabro pasado, la **Rotonda della Besana** es hoy una zona verde histórica ideal para leer, disfrutar de un pícnic o sencillamente pasear. Es circular (como se deduce del nombre), al más puro estilo barroco, bordeado de unos encantadores soportales con una pasarela elevada que anima a deambular bajo la sombra. La desacralizada iglesia de San Michele, en el centro, es la sede del **MUBA** *(muba.it; adultos/niños 8/10 €)*, el primer centro de artes y cultura para niños de Milán, y también de su elegante café, el **Rotonda Bistrot** *(rotondabistro.com)*, donde se puede tomar algo al abrigo de las columnas jónicas de la iglesia.

Si se mira atentamente los capiteles de los soportales y del interior de la iglesia, se reparará en los pequeños cráneos colocados discretamente sobre estos, el único vestigio que se conserva de su pasado.

Lo mejor para...

€ Económico €€ Medio €€€ Alto

Localizaciones en el plano de la p. 126

Comer

Dulces y repostería

Pasticceria Sissi €
6 C2
Frecuentada por refinadas *sciure* (señoras bien), en esta pastelería italo-senegalesa mandan los cruasanes rellenos de crema. *6.30-12.00 lu, hasta 20.00 mi-do*

Loste €
7 C2
Como es de esperar en un café del que es copropietario un exjefe de pastelería de Noma, los dulces aquí saben a gloria, sobre todo el bollito de cardamomo. También bordan el café de especialidad. *lostecafe.com; 8.00-15.00*

Pasticceria KNAM €
8 D3
La pastelería de Ernst Knam, una de las más célebres del lugar, debe su fama a sus insólitas combinaciones de sabores y postres de chocolate. *eknam.com; 10.00-13.00 ma-do, 16.00-20.00 lu-vi, 15.00-20.00 sa*

Comida callejera y 'pizza'

Sidewalk Kitchens €€
9 D2
Desde curri japonés a *smash burgers* norteamericanas, Sidewalk es un amplio y moderno concepto de puestos de comida callejera en el que no faltan el vino y el café de especialidad. *sidewalkitchens.com; 12.00-15.00 y 18.00-23.30*

Giannasi dal 1967 €
10 C5
En Piazza Buozzi, lleva desde 1967 despachando los mejores pollos asados de Milán, marinados con una mezcla de hierbas secreta. *giannasi1967.com; 8.00-20.00 lu-sa*

Panificio Davide Longoni €
11 C4
Davide Longoni es probablemente la mayor estrella del universo italiano del pan. En su pequeño local aguardan exquisitos *panini,* bollería y panes elaborados con harinas molidas a la piedra y fermentados naturalmente. *davidelongoni.com; 8.00-15.00 lu, 8.00-21.00 ma-sa, 8.30-15.00 do*

Modus €
12 C3
Encumbrado por Gambero Rosso, Modus se congratula por haber traído los sabores de la cocina casera de Cilento a Milán de la mano de Paolo De Simone. *modusmilano.it; 12.30-14.30 y 19.00-23.30*

'Gelato'

Pavé Gelati €
13 B2
Simona Carmagnola crea helados deliciosamente ligeros y esponjosos, con un repertorio de sabores que va cambiando con carácter regular, como café y cardamomo. *pavemilano.com; 12.00-24.00 lu-ju y do, 12.30-0.30 vi, 12.00-0.30 sa*

Gelateria Giova €
14 D2
Así llamada por su dueño Giovanni, esta *gelateria* solo utiliza los mejores ingredientes, incluidos pistachos de Bronte y

limones de la costa amalfitana. *12.00-23.00*

Cocina italiana

Trippa €€
15 C4
Deberán sentirse afortunados quienes consigan reservar mesa en el restaurante donde el chef Diego Rossi está haciendo resurgir la cocina campesina italiana. *trippamilano.it; 19.15-23.30 lu-sa*

Dongiò €€
16 C4
Uno de los restaurantes con mejor relación calidad-precio de Milán: una cálida *trattoria* calabresa donde paladear fogosos platos sureños y deliciosa pasta hecha a mano. *dongio.it; 12.00-14.30 lu-vi, 19.00-23.00 lu-sa*

Trattoria del Pescatore €€€
17 B4
La marisquería más excelsa de la ciudad la regenta una pareja sarda que conquista con su langosta en salsa de tomate y cebolla. *trattoriadel pescatore.it; 12.30-14.30 y 20.00-23.00 ma-sa*

Stadera €€
18 B3
Aldo Ritrovato, premiado con una estrella Michelin, ejecuta en su establecimiento de aire contemporáneo sublimes platos napolitanos caseros, desde *parmigiana a pastiera* (tarta de ricota). *staderamilano.it; 11.30-23.00*

Milanesa tradicional

Trattoria Masuelli S Marco €€€
19 D3
Los Masuelli llevan más de un siglo al mando de esta *trattoria* que apuesta por clásicos milaneses como *osobuco* con *risotto* al azafrán. *masuellitrattoria.com; 12.30-14.30 mi-do, 19.30-22.30 ma-sa*

La Bettola di Piero €€
20 B3
Se creerá estar en la típica *trattoria* de estética manida hasta la saciedad hasta que se pruebe su auténtica cocina casera milanesa. *12.15-14.00 y 20.00-22.30 lu-sa*

Alta cocina

Autem €€€
21 C4
La gastronomía se eleva al nivel de arte en las hábiles manos del chef Luca Natalini, cuyos hermosos platos, dictados por los productos de mercado, cambian a diario. *autem-milano.com; 12.00-14.30 ju-lu, 19.00-22.30 mi-lu*

[bu:r] €€€
22 A4
La carta del chef Eugenio Boer, una auténtica oda a la cocina clásica italiana, se prepara a la perfección y con un toque creativo exclusivamente con productos locales. *restaurantboer.com; 12.30-14.00 sa-do, 19.30-22.00 ma y ju-do*

Beber

Evocadores bares de 'aperitivo'

Un Posto a Milano
23 D4
Cascina Cuccagna era una granja abandonada hasta que una cooperativa decidió convertirla en un centro social, pensión, bar y restaurante. Lo mejor, el *aperitivo* junto al jardín. *unpostoamilano.it; 9.00-24.00*

Lacerba
24 B4
Este acogedor bar repleto de artículos coleccionables y pósteres futuristas es un tributo al movimiento artístico más famoso y furioso de Milán. Bordan los cócteles. *lacerba.it; 18.00-0.30 lu-ju, hasta 1.30 vi-sa*

Bar Luce

25 C5

Mesas de formica, colores pastel, *pinballs* retro... Este bar-cafetería diseñado por Wes Anderson podría ser perfectamente el escenario de alguna de sus películas. *fondazione prada.org; 8.30-20.00 lu-ju, hasta 20.30 vi, 9.00-20.30 sa-do*

Potafiori

26 B4

El bello establecimiento regentado por la cantante de *jazz* Rosalba Piccinni es un derroche de flores, comida y diversión. *pota fiori.com; 18.30-24.00*

Nottingham Forest

27 C1

Ecléctico bar tiki donde deleitarse con las creaciones del mixólogo Dario Comino, capaz de sorprender con humeantes cócteles cargados de hielo seco. *nottingham-forest.com; 19.00-2.00 ma-sa, 18.00-1.00 do*

Vino y cerveza artesana

Bar Paradiso

28 C4

Dos gerentes de la agencia local Spacedelicious han canalizado su pasión por la cocina en esta versión italiana de una cava francesa. Buen vino, productos de la tierra y gente a la última. *18.00-24.00 lu-sa*

LambicZoon

29 D4

Esta cervecería artesana se ha llevado varios premios por su atípica apuesta por las cervezas de fermentación espontánea, belgas de importación e interesantes *sour ales* patrias. *lambiczoon.com; 18.00-1.00 lu-ju, hasta 2.00 vi, 12.30-2.00 sa*

Clubes y música en directo

Santeria Toscano 31

30 A5

Restaurante y espacio de *coworking* de día, animado bar con música en directo y DJ de noche. *santeria.milano.it; 18.00-1.00 lu-ju, hasta 2.00 vi-sa, hasta 24.00 do*

Club Plastic

31 C6

En el antiguo emplazamiento original de un local frecuentado por Andy Warhol y Keith Haring, el club con más historia de Milán sigue siendo un referente *gay-friendly* con Nicola Guiducci al mando de los platos. *23.00-tarde mi, vi y sa*

Comprar

Independiente, 'vintage' y a medida

Bezpen

32 C4

La acogedora tienda de Elisabetta tiene marcas independientes de ropa de mujer. *bezpen.com; 10.30-14.30 ma-sa, 15.30-19.30 lu-sa*

Camiceria Olga

33 D3

Camisería a precios módicos que agrada con modelos lisos y a rayas hechos a medida. *camiceriaolga.it; 14.30-19.30 lu, 8.30-18.00 ma-vi, hasta 12.30 sa*

Mania Vintage

34 D2

Tienda *vintage* especializada en bolsos y accesorios de marcas de primerísima como Chanel y Louis Vuitton. *mania vintage.it; 15.30-19.00 lu, 10.00-19.00 ma-sa*

Fratelli Bonvini

35 D5

Los entusiastas de los artículos de papelería regresarán a la niñez con el material de escritorio y de esta tienda fundada en 1909. *bonvini1909.com; 10.30-13.00 y 14.00-19.30 ma-sa*

★ MERECE LA PENA

Islas Borromeas

En el rincón más bello del lago Maggiore, las **islas Borromeas** pertenecen desde el s. XVII a la aristocrática familia Borromeo, que comparte las tres que conforman el archipiélago: Bella, Madre y Superiore (o Isola dei Pescatori). La diminuta San Giovanni es de acceso restringido.

CONSEJO
Es fácil pasar un día explorando las islas. Basta adquirir un billete de ferri por 18,60 € que permite desembarcar en Verbania, Stresa y Baveno, además de en las tres Borromeas.

Escanea este código QR para descubrir los próximos eventos, los horarios y reservar entradas.

Isola Bella

Isola Bella (foto) es la central del archipiélago. Originalmente poco más que un islote estéril, recibió el nombre de la esposa de Carlos III, la *bella* Isabel, cuando el conde Carlo Borromeo III mandó erigir un palacio y un jardín. Construido entre 1632 y 1671, se trata de una versión del Jardín de las Hespérides, el maravilloso huerto de la mitología clásica en el que crecían las manzanas de oro de la inmortalidad.

Palazzo Borromeo

Residencia de veraneo de los Borromeo, este **'palazzo'** *(isoleborromee.it; adultos/niños 21/12 €),* asentado en un alto escalonado, es el edificio de más bella factura del lago. El conde Carlo pretendía levantar una pirámide de terrazas que imitara la forma de un galeón. Los contados habitantes de la isla, a los que se instó a mudarse, no compartían su entusiasmo, de modo que hubo que cambiar la idea inicial y el galeón perdió su puntiaguda proa. Pese a todo, todavía parece un barco.

Sus salones y estancias, profusamente decorados, están llenos de obras de arte. Un museo dentro de otro **museo,** contiene una colección familiar de arte compuesta por 130 piezas de grandes maestros, como Rubens, Tiziano, El Veronés, Andrea Mantegna, Van Dyck y José Ribera (Spagnoletto). También

MOJOLO/SHUTTERSTOCK ©

se verán tapices flamencos, esculturas de Antonio Canova y, en el Salone Grande, una maqueta de madera del palacio y la isla realizada en 1812 por un camarero de la familia. Entre las salas más llamativas figuran la **Sala di Napoleone,** donde Napoleón y su esposa se hospedaron en 1797; la opulenta **Sala da Ballo** (de baile); la ornamentada **Sala del Trono;** y la **Sala delle Regine** (de las reinas). Pero, por encima de todo, destacan las falsas **cuevas** de la planta baja. Dignas del rey Neptuno, las seis galerías presentan una fascinante combinación de guijarros, conchas, ninfas, sirenas y delfines de escayola, todo ello dominado por una desnuda Venus durmiente.

Jardín aterrazado

La extravagancia continúa en el mejor jardín barroco de Italia, diseñado por Angelo Crivelli. Sobre

UNA PAUSA
Para una comida refinada con vistas al lago se recomiendan **Elvezia** *(elvezia.it; comidas 45-65 €),* en la Isola Bella, o **Il Verbano** *(hotelverbano.it; comidas 45-85 €),* en la Isola Superiore.

EL JARDÍN DE UN CAPITÁN

El **jardín de Villa Taranto** *(villataranto.it; adultos/niños 13/ 7 €)* es, con unas 20 000 especies de plantas, un verdadera paraíso obra del capitán escocés Neil McEacharn.

el escarpado terreno se realizó un trasvase de tierra procedente del continente, con la que se crearon diez terrazas escalonadas. Luego fue el turno del mármol de Baveno y la piedra de Viggiù. Sobre ellos se plantaron limoneros, lirios y flores de loto en las galerías superiores y, finalmente, se colocaron en el ninfeo de Carlo Fontana estatuas alegóricas de la agricultura y las artes, querubines y los triunfantes unicornios de la familia Borromeo, que incluso cuenta con un santo, san Carlos Borreomeo.

Jardín aterrazado, Isola Bella.
MASTER1305/SHUTTERSTOCK ©

Isola Madre

La isla mayor (de 7,8 Ha) luce un exquisito jardín botánico. Su benévolo microclima favorece el crecimiento de glicinas, raras especies vegetales subtropicales y flores y árboles exóticos, entre ellos un enorme ciprés de Cachemira de más de 200 años.

Palazzo Madre

El **Palazzo Madre** *(isoleborromee.it; adultos/niños 18/10,50 €)* y sus deliciosos jardines fueron construidos entre los ss. XVI y XVIII. Es una estructura maravillosamente decadente, llena de toda clase de muebles y adornos antiguos, y tachonada de inquietantes maniquíes ataviados con librea. Destacan la colección de muñecas de la condesa Borromeo, un teatro de marionetas neoclásico diseñado por un escenógrafo de La Scala, y un teatro "del terror" con un reparto de títeres diabólicos.

Isola Superiore

Con apenas 50 habitantes, esta microscópica isla conserva su ambiente de pueblo de pescadores. No posee grandes reclamos, más allá del ábside del s. XI y de un fresco del s. XVI de la encantadora Chiesa di San Vittore, por lo que los visitantes aprovechan para almorzar en alguno de los restaurantes del muelle, especializados en pescado de agua dulce. En la punta sur de la isla se localiza **Il Verbano** *(hotelverbano.it; comidas 45-85 €)*, con el restaurante del galardonado chef Marco Sacco y unas cuantas habitaciones por si se decide hacer noche. Otro sitio genial junto al agua es **Casabella** *(ristorantecasabella.it; comidas 45-70 €)*, con clásicos italianos y un toque de sofisticación.

VISITANTES ILUSTRES

Estas islas han atraído desde antiguo a miembros de la realeza, desde el emperador Leopoldo II de Habsburgo-Lorena en 1791 a Carlos y Diana en 1984. Otras figuras célebres que han pasado por ellas son Napoleón Bonaparte, quien se alojó durante dos días en 1797 –tiempo suficiente para que el personal se quejara del hediondo estado de sus aposentos–, y escritores como Stendhal o Hemingway, que glorificó la belleza poética de la isla.

★ MERECE LA PENA

Lago de Como

A la sombra de los nevados Alpes Réticos y encajonado entre verdes montañas, el **lago de Como** es el más espectacular de la zona. Tiene forma de Y invertida y sus riberas están tachonadas de coquetos pueblos, como el exquisito pero abarrotado Bellagio, y suntuosas villas.

PLANO: P. 141

CONSEJO

Los autobuses que circulan alrededor del lago lo hacen con lentitud y, en general, sin ceñirse a sus horarios. Pese a las estrechas y congestionadas carreteras, es mejor conducir.

Escanea este código QR para conocer los horarios de los ferris e información sobre billetes.

La perla del lago

Solo existe un verdadero **Bellagio** (foto): es imposible no quedar prendado de sus barquitos meciéndose frente a la ribera, el laberinto de pronunciadas escalinatas de piedra, los edificios de tejados rojos y postigos verdes, y los abrumadores jardines con cipreses y azaleas. Cual proa de una bella embarcación, se asienta sobre el eje de la Y invertida que forma el lago de Como, mientras que Como y Lecco quedan a babor y estribor, respectivamente.

Por desgracia, hace tiempo que Bellagio dejó de ser un secreto. Los fines de semana de verano, turistas extranjeros y patrios se baten por lograr algo de espacio. Para disfrutarla sin sobresaltos, lo mejor es visitarla en días laborables fuera de temporada. Dicho esto, los jardines de lugares como **Villa Melzi d'Eril** (p. 140) o **Villa Serbelloni** (p. 141) suponen un agradable paréntesis al gentío en cualquier época.

Localidad homónima

Ubicada en una exuberante cuenca en el extremo sur del lago epónimo, **Como** es una población histórica, fundada por Julio César en el s. I a.C. como

YASONYA/SHUTTERSTOCK ©

guarnición alpina y centro de vacaciones romano. Bajo el posterior dominio austríaco, en el s. XVIII, la ciudad desarrolló su ambiente ordenado centroeuropeo y una vibrante cultura de café, al tiempo que la lucrativa industria de la seda se encargó de financiar sus villas estilo Liberty. Hoy, se ha reinventado como el enclave más seductor del lago, con hoteles sofisticados y modernos restaurantes.

Entre sus puntos de interés se incluyen un pequeño museo, una colección arqueológica y varias villas. Se lleva la palma el impresionante **Duomo** *(cattedraledicomo.it; gratis)*, revestido de mármol. Al tardar varios siglos en construirse (de 1396 a 1770), presenta diferentes estilos: románico, gótico y renacentista, más el rococó de la cúpula que lo corona.

UNA PAUSA
Un buen sitio para almorzar es **Dispensa 63** *(dispensa63bellagio.com; comidas 40-60 €)*, elegante y acogedor, en el centro de Bellagio.

COMER A LA VERA DEL LAGO
El familiar **Da Luciano** *(bottegadaluciano.it; ración de embutidos 7,50 €)* es un híbrido de carnicería y restaurante informal con vistas al agua.

Quienes busquen unas vistas espectaculares deben caminar junto a la orilla, al noreste, hasta el centenario **Funicolare Como-Brunate** *(funicolarecomo.it; adultos/niños 3,60/2,40 €)*, que sube hasta Brunate, un pueblo a 720 m de altitud que parece flotar sobre el lago.

La subestimada Varenna

Aderezada con vívidas plantas, aromáticas flores y el trino de los pájaros, **Varenna** queda a una corta travesía en ferri desde Bellagio, con la que además de competir en belleza, comparte las casas color pastel que se apilan por sus laderas y las callejas que las seccionan, con frecuen-

Villa del Balbianello.
TRABANTOS/SHUTTERSTOCK ©

cia poco más que a una larga escalinata. Eso sí, por suerte, carece del gentío de Bellagio.

El **Castello di Vezio** *(castellodivezio.it; adultos/niños 5/3 €)* ofrece panorámicas de Varenna y el lago. Perteneciente en su día a un conjunto de atalayas medievales, a este bastión del s. XIII se accede por un empinado camino empedrado (30 min a pie, aprox.) que va de Olivedo (al norte) a Vezio. Como alternativa, se puede tomar la ruta (40 min a pie) que sigue el Sentiero Scabium, a la que se llega por la empinada rampa frente a la Villa Monastero.

Varenna también cuenta con dos villas ribereñas: **Villa Cipressi** *(adultos/niños 10/5 €)*, hoy un hotel de lujo, y 100 m más al sur, **Villa Monastero** *(villamonastero.eu; adultos/niños 10/5 €)*, antiguo convento convertido en la residencia de la familia Mornico. En ambos casos, pasear por sus espléndidos jardines, que descienden hasta el lago, es un placer.

Una villa con sabor cinematográfico

A 1 km de caminata junto a la orilla desde la plaza principal de Lenno se yergue **Villa del Balbianello** *(fondoambiente.it; villa y jardín adultos/niños 24/16 €)*, donde se rodaron escenas de *La guerra de las galaxias. Episodio II* y el *remake* de *Casino Royale,* de James Bond. Con una formidable arquitectura y vistas al lago, es uno de los lugares más espectaculares de la zona.

Casi todas las visitas empiezan y terminan en los jardines, con su distintivo roble en forma de casco y las columnas de su logia. Sin embargo, quienes se limitan a eso terminan perdiéndose la fascinante vida de Guido Monzino, el último residente de la villa. Hijo de una de las personas más ricas de la Italia de entonces, Monzino se dedicó a coleccionar arte y a viajar por el mundo. Llenó su mansión del s. XVIII con recuerdos de sus aventuras por África, el Himalaya y las regiones polares.

RED DE FERRIS

El ferri es el medio de transporte que mejores vistas ofrece del lago. Los servicios lentos cubren dos rutas (Como-Colico y Lecco-Bellagio, solo en verano), mientras que los rápidos hidrodeslizadores y ferris grandes (también de automóviles) conectan los principales centros poblacionales. Para ciertas zonas conviene sacar un bono de un día, que cuesta 15-25 €/adulto. Si se va temprano a la taquilla se evitarán las largas colas.

SENDERISMO POR LAS MONTAÑAS
Lejos de ser un mero telón de fondo, las bellas montañas que abrazan el lago están surcadas por una densa red de senderos muy populares en cualquier época del año. El **Greenway del Lago di Como** es una plácida ruta que pasa por los coquetos pueblos entre Colonno y Cadenabbia, en la orilla oeste del lago. Para emociones más fuertes hay que poner rumbo a las cumbres del macizo de **Grigna.**

Lo que Monzino no sabía es que terminaría siendo incapaz de controlar su propia vida. La villa muestra a una figura solitaria; no en vano, apenas hay dos habitaciones de invitados, una cariñosamente amueblada para su madre, quien jamás se alojó en ella. Y para colmo, pese a jactarse de ser un explorador, un problema cardíaco le impidió que superara el campamento base en su expedición al Everest.

Otras villas y jardines

Mucho antes de la llegada de George Clooney, tener una villa a orillas del lago de Como se consideraba un envidiable símbolo de estatus entre las celebridades del pasado, léase un noble, un cardenal o un político. Lo bueno es que hoy no escasean las villas grandiosas en las que curiosear.

Villa Carlotta *(villacarlotta.it; adultos/niños 15/6 €)* es una fabulosa fusión de arquitectura neoclásica y armoniosos jardines. Su jardín botánico depara algunos de los mejores ejemplares de rododendros, azaleas y camelias de Europa, amén de un exuberante valle de helechos, un bosquecillo de bambú, un jardín zen, imponentes cedros y un mirador entre olivos. La villa, del s. XVII, alberga luminosas habitaciones decoradas con una minimalista selección de esculturas, cuadros y tapices.

Cruzando el lago se halla la neoclásica **Villa Melzi d'Eril** *(giardinidivillamelzi.it; adultos/niños 10 €/gratis),* con el primer parque de estilo inglés del lago. Construida en 1808 para un colaborador de Napoleón, en su interior aguardan un jardín

japonés, una cueva y un museo-invernadero con bustos romanos y tumbas etruscas. No lejos, las fastuosos jardines de **Villa Serbelloni** *(adultos/niños 10/5 €)* cubren buena parte del promontorio sobre el que se asienta Bellagio, con amplias vistas tanto de Como como de Lecco; solo puede verse en una visita guiada.

SURCAR LAS AGUAS

Para explorar el lago por libre, lo mejor es alquilar un barco *(no se necesita permiso para motores pequeños; desde 75 €)* o un kayak *(20-30 €/h)*.

Guía práctica

Basilica di Sant'Ambrogio (p. 100).
DRAGOS ASAFTEI/SHUTTERSTOCK ©

Viajar en familia

Aunque suene a cliché, es innegable que los italianos adoran a los niños, siempre mimados y atendidos allá donde vayan. La capital lombarda, además, tiene un sinfín de actividades para mantenerles entretenidos, desde museos hasta parques.

Los niños en Italia

La crianza de los peques es aquí una mezcla de amor asfixiante y una actitud permisiva (en vacaciones se les permiten que estén despiertos hasta las tantas). Y aunque son bien recibidos en todas partes, no se acostumbra a llevar a los hijos a reuniones de adultos.

Comer fuera

Pese a que en los restaurantes se suelen ver niños a cualquier hora, los menús infantiles son una rareza, ya que se espera que coman los mismos platos que los adultos, aunque siempre cabe pedir *mezza porzione* (media ración). Dicho esto, casi ningún sitio pondrá reparo en preparar un plato de pasta para los pequeños.

ZONAS RECREATIVAS INFANTILES

Los críos podrán desfogarse en los incontables parques y zonas de juegos que hay diseminados por la ciudad.

Descubre en línea los parques más cercanos.

Entradas

Los menores de 18 años entran gratis en multitud de museos, y en puntos de interés como el Duomo se cobra media entrada a los visitantes de entre 6 y 18 años.

Dar el pecho en público

Está bien visto en cualquier sitio apto para bebés.

Transporte público

Los menores de 14 años viajan gratis en tranvías, autobuses y metro; rara vez se pide presentar algún documento que acredite la edad.

SLATAN/SHUTTERSTOCK ©

Alojamiento

En Milán hay opciones para todos los bolsillos, si bien los precios se disparan durante eventos como la Semana del Diseño, cuando los hoteles se reservan con meses de antelación.

Si te gusta...

Bares y discotecas

Navigli (p. 109) Pese a ser cada vez más turístico, sigue concentrando buena parte de los bares y clubes de la ciudad. A escoger entre Airbnb de precio moderado y hoteles que quizá sean ruidosos.

Historia y belleza

Brera (p. 71) Sus calles adoquinadas, encanto bohemio y ubicación céntrica lo convierten en un barrio muy tentador. Hay desde hoteles-*boutique* a establecimientos con cinco estrellas.

Arquitectura y bares LGTBIQ+

Porta Venezia (p. 53) La zona LGTBIQ+ está repleta de bares, restaurantes internacionales, bistrós y arquitectura modernista. El alojamiento consiste en pisos turísticos y hoteles de tres estrellas.

Tiendas y restaurantes de categoría

Quadrilatero d'Oro (p. 58) Tiendas insignia de moda, restaurantes selectos y hoteles de lujo, cerca del centro y de los principales reclamos.

Arte callejero y ambiente multicultural

NoLo (p. 118) Sinónimo de arte callejero, bares escandalosos y energía creativa. Los hoteles y Airbnb son más baratos, pero están más retirados del centro.

IMPRESCINDIBLE

Nos encanta...

Porta Romana (p. 121). Pese a estar en una zona bastante céntrica logra mantenerse fuera del radar turístico. Al ser un barrio residencial, se observa la vida cotidiana y, además, se disfruta de una excelente selección de *trattorie* tradicionales, bistrós y pequeñas enotecas, por no hablar de los **Bagni Misteriosi,** ideales para escapar del sofocante calor estival.

CUÁNTO CUESTA

Cama en dormitorio colectivo **desde 50 €**

Habitación doble en hotel-*boutique* **desde 160 €**

Habitación en hotel de lujo **desde 1000 €**

Comida, bebida y fiesta

Alergias e intolerancias

Pese a las reticencias de los restaurantes tradicionales, cada vez más establecimientos van incorporando propuestas alternativas para personas veganas y con alergias. Aunque a veces se indican en la carta las posibles intolerancias, siempre es conveniente hacérselo saber al personal.

CÓMO SE DICE

Soy alérgico a...	*Sono allergico/a...*
frutos secos	*alla frutta secca*
marisco	*ai crostacei*
lácteos	*ai latticini*
gluten	*al glutine*

?

CÓMO PREGUNTAR...

¿Es sin gluten?
Questo è senza glutine?
¿Lleva frutos secos?
Questo contiene frutta secca?
¿Tiene alguna opción vegana?
C'è un'opzione vegana?

EL 'APERITIVO' MILANÉS

La tradición del *aperitivo* se inventó en Milán y la cultivan casi todos los bares, de 18.00 a 21.00. Las consumiciones se acompañan de algo para picar (patatas, aceitunas...) o, en algunos casos, de un auténtico bufé.

Normas del café

Los italianos son muy particulares en lo relativo al café: una pasión regida por mil y una normas. Y aunque las probabilidades de que uno las cumpla sean escasas, nunca está de más saber en qué consisten. Los cafés con leche (capuchino o *latte macchiato*) se toman por la mañana; la tarde y la sobremesa son para el *caffè (espresso)* o el *caffè macchiato (espresso macchiato)*.

Cómo pagar la cuenta

Pedir la cuenta No es costumbre llevar la cuenta a la mesa a menos que se pida. Basta decir *"Il conto, per piacere"*.

Dividir la cuenta Es una práctica habitual. Los camareros suelen preguntar *"Pagate insieme o separati?"* ("¿todo junto o por separado?").

Propinas Aunque en general no se esperan, siempre se agradecen. Lo mejor es redondear la cuenta al alza, añadiendo unos euros al total.

PRECIOS

Se refieren al precio medio de una comida con dos platos (*antipasto/primo* y *secondo*), copa de vino y *coperto* incluidos.

€ hasta 30 €
€€ entre 30 y 50 €
€€€ más de 50 €

HORARIOS

Cafés 8.00-15.00
Restaurantes 12.00-15.00 y 19.00-24.00
'Gelaterie' 12.00-22.00

Salir

Bares Los bares de barrio causan furor en Milán, pero en general quedan más alejados. Porta Venezia y Navigli cuentan con zonas dedicadas casi en exclusiva a bares. La zona de Ticinese, apunta mayormente a estudiantes.

Clubes Suelen estar retirados del centro, a menudo en medio de la nada, lo que dificulta el transporte. La única excepción es la zona de Navigli, con una gran concentración de clubes y bares.

Cuándo salir La mayoría de las discotecas normalmente se anima a partir de la 1.00, salvo en clubes de día como Arca, que cierra justo entonces.

Admisión Sumado a que el personal de puerta no suele ser excesivamente estricto, ser extranjero y mujer facilita la entrada casi a cualquier sitio; mayores dificultades plantea, en cambio, ir en grandes grupos de hombres vestidos de manera desastrada (p. ej., con chanclas).

CUÁNTO CUESTA...

'Cono piccolo' (cucurucho pequeño de helado) 3 €

'Pizza margherita' 10 €

'Spritz' 8 €

'Espresso' 1 €

Copa de vino 7 €

'Risotto alla milanese' 15 €

'Brioche' (cruasán) 2 €

SERGIY KUZMIN/SHUTTERSTOCK ©

Comunidad LGTBIQ+

La pionera Milán, adalid liberal y defensora de los derechos gais, fue la primera ciudad del país en legalizar la unión civil entre personas del mismo sexo.

Barrios

Hasta la década de 1990, **Porta Venezia** era la clase de lugar que era preferible evitar. Después, empezó a surgir un puñado de bares de ambiente y gente de distinta orientación sexual empezó a frecuentar la zona. Desde entonces, el barrio se convirtió en la zona LGTBIQ+ de la ciudad, y en el 2018, el alcalde Giuseppe Sala engalanó su estación de metro con el arcoíris. Los bares se apiñan en torno a Via Lecco y Via Tadino. Destacan el **Mono, Leccomilano** *(leccomilano.it)* y **Pop** *(pop-milano.it)*.

NoLo es la nueva zona LGTBIQ+ emergente de la ciudad. La marcha gravita alrededor de Via Varanini y Via Crespi. A la cabeza, el bar de estética ochentera **NoLoSo** *(nolosomilano.it)* y el extravagante **Don't Tell Mama.** El **Q club** (entrada 15-25 €), en Via Padova, es el cierre perfecto a una noche de juerga.

IMPRESCINDIBLE

Según el día

LUNES Antigone Libreria; literatura LGTBIQ+

MARTES Via Lecco, Porta Venezia; ruta por bares de ambiente

MIÉRCOLES CIG Arcigay Milano; eventos y charlas exclusivas

JUEVES Don't Tell Mama; cabaré *queer*

VIERNES La Boum; baile y espectáculos de *drags*

SÁBADO Plastic Club; referente de la noche gay

DOMINGO NoLoSo; *aperitivo* y música de los ochenta

ORGULLO DE MILÁN

Cada año, la ciudad se pinta de rosa a finales de junio en una fiesta multitudinaria e inclusiva. Porta Venezia es su eje principal, pero los festejos también siguen a su marchoso desfile con música *techno*.

NEW AFRICA/SHUTTERSTOCK ©

FESTIVAL DE CINE GAY

Mix Festival es una señalada cita del cine LGTBIQ+ que se celebra la última semana de septiembre.

Recursos

- **CIG Archigay Milano** Asociación de voluntarios que organiza eventos LGTBIQ+, círculos no binarios, charlas y filmes por todo Milán. Solo admiten socios (10 €).
- **wearegaylyplanet.com** Para viajeros gais que pretendan recorrer Italia (en italiano).

Salud y seguridad

Si bien Milán es una ciudad relativamente segura, conviene ir con cautela, máxime de noche y en ciertos barrios.

AGUA DEL GRIFO

Es potable y se somete a controles estrictos, pero aun así los lugareños prefieren beber agua embotellada o con gas. En casi todos los restaurantes se ofrece automáticamente agua embotellada o filtrada; no es costumbre pedir agua del grifo.

Farmacias

La capital lombarda no anda escasa de farmacias. En Italia muchos medicamentos son de venta libre; no así los antibióticos, que solo se consiguen con receta. La pastilla del día después, en cambio, no precisa prescripción médica. Los establecimientos de guardia se anuncian en el escaparate de cualquier farmacia.

Carteristas

Estar especialmente alerta en zonas concurridas como la estación de Cadorna o la Stazione Centrale.

De noche, con precaución

Vía Gola suele asociarse a la venta de droga. Los autobuses con peor reputación son el nº 90 y el 91, los cuales recorren la principal carretera de circunvalación durante toda la noche. Son peligrosos también los aledaños de las estaciones de trenes y conviene evitar la mayoría de los parques.

ESTAFAS

Por la zona del Duomo hay pillos que tratan de colocar pulseras a los viandantes e insisten luego en que se les pague. Ojo con el reloj si alguien aborda al viajero para preguntarle por una dirección.

A TENER EN CUENTA

Precauciones
Usar una buena cadena para la bici, sobre todo en zonas muy transitadas.

Marihuana
Está prohibida su venta pero no el consumo personal.

Alcohol
Se permite su consumo en lugares públicos.

Turismo responsable

Síganse estas indicaciones para dejar una huella menor, apoyando al mismo tiempo a los comercios locales y teniendo un impacto positivo en la comunidad.

Restricciones al tráfico

Milán tiene fama de ciudad contaminada, y en nada contribuye el hecho de que se encuentre sobre una meseta próxima a los Alpes. Para atajar este problema, la ciudad ha establecido la mayor ZTL (*zone a traffico limitato,* zona de tráfico restringido) del país. El área B comprende el 72% de la zona metropolitana; los vehículos más contaminantes tienen prohibido circular por ella de lunes a viernes entre 7.30 y 19.30. El área C, más pequeña, corresponde a la almendra central y es accesible previo pago de 5 €.

Dragones verdes

En vez de comprar botellas de plástico, una buena idea es recurrir a las más de 500 fuentes verdes (*vedovelle,* foto) repartidas por la ciudad.

IMPRESCINDIBLE

Mercados

Al comprar en alguno de los **mercados de alimentación** de la ciudad se estará apoyando a los productores locales, además de ayudar a reducir emisiones.

DESDE IZDA.: BEKETOFF/SHUTTERSTOCK ©, DELBO ANDREA/SHUTTERSTOCK ©, GIUSEPPE PIAZZESE/SHUTTERSTOCK ©

Moverse en bicicleta

La ciudad parece más pequeña y mejor conectada al recorrerla en bici. Pero, además, que sea relativamente llana facilita desplazarse por ella, salvo en los irregulares tramos de *pave* (empedrado). Sin duda, el tráfico milanés puede parecer intimidatorio, pero lo cierto es que hay 300 km de carriles-bici y el Ayuntamiento tiene previsto ampliar la red. Hay numerosas opciones de bicicleta compartida.

Recursos

- **comune.milano.it** La web del Ayuntamiento de Milán detalla sus iniciativas en materia medioambiental.

ESTABLECIMIENTOS SOSTENIBLES

Entre los lugareños existe una creciente concienciación acerca de lo que comen, y cada vez más restaurantes se surten de ingredientes crudos de calidad obtenidos de productores locales que tratan de reducir los desperdicios al mínimo. **Horto** (p. 48) es uno de los que apuestan por esta práctica.

Tiendas de segunda mano

Pese a que Milán tiene una buena selección de tiendas de segunda mano, sus precios tienden a ser elevados. Si se buscan unos zapatos de Prada o una chaqueta de Chanel en perfecto estado, hay que dirigirse a **Cavalli e Nastri** (p. 117). Y si la marca resulta indiferente, Humana Vintage ofrece artículos a partir de 10 €.

Mercados como **East Market** (foto; *eastmarketmilano.com*) también ofrecen artículos de segunda mano, desde tejanos a vinilos y libros, mientras que el **Mercatone dell'Antiquariato** (p. 114) de Naviglio Grande se especializa en mobiliario y menaje retro.

MEJOR SIN DESPERDICIOS

Tratar de reducir el desperdicio de alimentos adquiriendo artículos horneados, comidas y productos sobrantes a través de la aplicación **Too Good to Go.**

El cambio climático y los viajes

Es imposible ignorar el impacto de nuestros viajes y la importancia de hacer cambios. Lonely Planet anima a todos los viajeros a involucrarse en su huella de carbono. Muchas webs de líneas aéreas y sitios de reservas ofrecen la opción de compensar el impacto de los gases de efecto invernadero realizando donaciones para iniciativas respetuosas con el clima en todo el mundo.

Varias calculadoras en línea permiten saber las emisiones de carbono que genera un viaje; véase, p. ej., **resurgence.org.**

Accesibilidad

Transporte público

Todos los autobuses urbanos son accesibles con silla de ruedas, pero en el caso de los tranvías, solo algunos. Las tres líneas de metro más nuevas (M3, M4 y M5) están dotadas de ascensores; la M1 y la M2, solo en algunas estaciones. Más información en la web de la empresa de transporte público **ATM** *(atm.it)*.

Una experiencia más plena

Gracias a los paneles informativos multisensoriales de la iniciativa *Le chiese di Milano... in tutti i sensi,* 15 de las iglesias de Milán, entre ellas la **Basilica di Sant'Ambrogio,** son ahora accesibles para visitantes invidentes y con problemas auditivos.

ALOJAMIENTO

La mayoría de los grandes hoteles de reciente construcción cuentan con ascensores, baños accesibles y servicios extra. Los Airbnb en edificios antiguos a veces solo tienen escaleras y baños estrechos; consúltese previamente.

Museos y atracciones

Casi todos los puntos de interés son accesibles por medio de ascensores o salvaescaleras, aunque no siempre están claramente señalizados. En la azotea del Duomo hay estrechas pasarelas no aptas para todas las sillas de ruedas.

IMPRESCINDIBLE

Además de promover una cultura de accesibilidad, **Gallerie d'Italia** cuenta con proyectos específicos para los visitantes con discapacidad. La iniciativa For other eyes, dirigida a personas invidentes, ofrece muestras en braille y circuitos guiados gratuitos. Asimismo, disponen de gafas EnChroma, pensadas para que las personas daltónicas disfruten plenamente de la experiencia. El espacioso museo (no pagan entrada las personas con discapacidad y sus cuidadores) está equipado con ascensores y salvaescaleras verticales. A petición del viajero se organizan itinerarios especiales.

CALLES EMPEDRADAS

A diferencia del empedrado milanés, que resulta un tormento para los viajeros en silla de ruedas, las aceras suelen estar en buen estado. Cuidado con los altos bordillos, los hoyos puntuales y al cruzar las vías del tranvía.

Recursos

- **easygoout.it** Parte del proyecto Accessibility4all, facilita información en italiano sobre accesibilidad en reclamos y restaurantes de todo el país.

Lo esencial

Horario comercial

Muchas tiendas y restaurantes (sobre todo los situados fuera del centro urbano) cierran durante varias semanas en agosto o tienen horario reducido.

Bancos 8.30-13.30 y 15.30-16.30 lu-vi

Bares y clubes 22.00-4.00

Cafés 7.30-20.00

Restaurantes 12.00-14.30 y 19.30–23.00; la mayoría cierra un día a la semana

Tiendas 9.00-13.00 y 15.30-19.30 lu-sa; las de mayor tamaño abren a mediodía y los domingos

Festivos

Bancos, oficinas y algunos comercios cierran en festivos; restaurantes y sitios turísticos suelen abrir.

A TENER EN CUENTA

Hora local Horario de Europa central (GMT/UTC +1)

Prefijo del país +39

Emergencias 112

Población 1,4 millones de hab.

ELECTRICIDAD

230V/50Hz

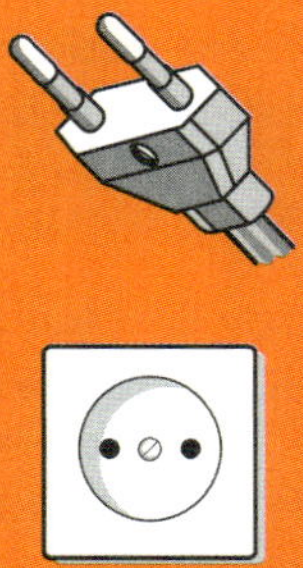

'Aperto' Abierto

'Chiuso' Cerrado

Fumar

Aunque no siempre se cumple, está prohibido fumar al aire libre en lugares públicos, incluidas paradas de transporte, zonas infantiles y parques. Los fumadores han de respetar una distancia mínima de 10 m respecto a los no fumadores. A partir del 1 de enero del 2025, las leyes antitabaco son más estrictas y se aplicarán con más celo.

Fiestas oficiales

Año Nuevo (Capodanno) 1 de enero

Epifanía (Epifania o Befana) 6 de enero

Lunes de Pascua (Pasquetta) Marzo/abril

Día de la Liberación (Giorno della Liberazione) 25 de abril

Día del Trabajo (Festa del Lavoro) 1 de mayo

Día de la República (Festa della Repubblica) 2 de junio

Día de la Asunción (Ferragosto) 15 de agosto

Día de Todos los Santos (Ognissanti) 1 de noviembre

Día de San Ambrosio (Festa di Sant'Ambrogio) 7 de diciembre

Fiesta de la Inmaculada Concepción (Immacolata Concezione) 8 de diciembre

Navidad (Natale) 25 de diciembre

Día de San Esteban (Festa di San Stefano) 26 de diciembre

Idioma

Lo básico

Hola.
Buongiorno.
buon·jor·no

Adiós.
Arrivederci.
a·rri·ve·der·chi

Sí.
Sì. *si*

No.
No. *no*

Por favor.
Per favore.
per fa·vo·re

Gracias.
Grazie. *gra·dsie*

Perdone.
Mi scusi. *mi sku·si* (formal)
Scusami. *sku·sa·mi* (informal)

De nada.
Prego. *pre·go*

Frases útiles

¿Habla español? **Parla spagnolo?** *par·la spagnolo*

No entiendo. **Non capisco.** *non ka·pi·sko*

Quisiera... — **Vorrei...** *vo·rrei*
- una cerveza. — una birra. *u·na bi·rra*
- un café. — un caffè. *un ka·fe*
- un vino blanco. — un vino bianco. *un vi·no bian·ko*
- un vino tinto. — un vino rosso. *un vi·no ro·so*

La cuenta, por favor. **Mi porta il conto, per favore.**
mi por·ta il kon·to per fa·vo·re

¿Cuánto cuesta esto? **Quanto costa questo?**
kuan·to kos·ta kue·sto

¿Dónde está el baño? **Dov'è il bagno?** *do·ve il ba·ño*

¿Puede/puedes hablar más despacio, por favor?
Può parlare più lentamente, per favore?
puo par·la·re piu len·ta·men·te per fa·vo·re
Puoi parlare più lentamente, per favore?
puoi par·la·re piu len·ta·men·te per fa·vo·re (inf.)

¿Dónde hay un cajero automático?
Dov'è un bancomat? *do·ve un ban·ko·mat*

¿Me da la factura, por favor?
Può darmi una ricevuta, per favore?
puo dar·mi u·na ri·che·vu·ta per fa·vo·re

Números

1	2	3	4	5
uno	**due**	**tre**	**quattro**	**cinque**
u·no	*du·e*	*tre*	*kua·tro*	*chin·kue*

Información práctica

En italiano, el acento normalmente recae en la penúltima sílaba de las palabras. Sin embargo, cuando una palabra escrita lleva tilde sobre una vocal, el acento recae en esa sílaba.

El característico sonido cantarín del italiano responde a una pronunciación uniforme y rítmica de las sílabas que componen las palabras de una frase.

El italiano tiene dos formas de pronombre personal para la segunda persona: la más formal Lei y la informal tu; al igual que en español, los verbos en italiano se conjugan de manera distinta según el sujeto.

EXPRESIONES ENGAÑOSAS

Ojo: muchas palabras se parecen al español, pero su significado es distinto: **'camera'**, p. ej., es una habitación, no una "cámara" (**'macchina fotografica'**, en italiano), y **'stampa'** significa "prensa" o "medios" (de comunicación), no "estampa" (**'francobollo'**, en italiano).

Escuchar

Il Suo passaporto per favore. Su pasaporte, por favor. *il su·o pa·sa·por·to per fa·vo·re*

Il Suo visto, per favore. Su visado, por favor. *il su·o vis·to per fa·vo·re*

LA JERGA LOCAL

¿Qué pasa? Cosa c'é? *ko·sa che*

¿Cómo va eso? Tutto a posto? *tu·ta pos·to*

No hay problema. Va bene. *va be·ne*

¡Genial! Fantastico! *fan·tas·ti·ko*

En serio. È vero. *e ve·ro*

Claro. Certo. *cher·to*

¡De ninguna manera! Per niente! *per nien·te*

¡Debe ser una broma! Scherzi! *sker·dsi*

¡Ójala! Magari! *ma·ga·ri*

¿En serio? Davvero? *da·ve·ro*

Letreros

Aperto Abierto

Chiuso Cerrado

Spingere Empujar

Tirare Tirar

Uscita Salida

Entrata Entrada

Donne Mujeres

Uomini Hombres

Bagno (WC) Lavabos

Stazione Estación de trenes

Aeroporto Aeropuerto

Non fumatore No fumadores

6	7	8	9	10
sei	**sette**	**otto**	**nove**	**dieci**
sei	*se·te*	*o·to*	*no·ve*	*die·chi*

Índice

Puntos de interés p. 000
Págs. de los planos **p. 000**

Véase también los subíndices:
Comer p. 158
Beber p. 159
Comprar p. 159

Comer

Beber

Comprar

La opinión del lector

Nos encanta escuchar a los viajeros, ya que con sus comentarios nos ayudan a mejorar nuestros libros. Podéis escribirnos a lonelyplanet.com/contact; leemos todos los mensajes y garantizamos que estos lleguen a los autores.

Nota: Es posible que algunos fragmentos de estos mensajes aparezcan en nuevas ediciones de las guías Lonely Planet, en la web o en productos digitales. Si preferís que vuestro contenido o nombre no sean publicados, por favor, indicadlo claramente. Para obtener una copia de nuestra política de privacidad, podéis visitar lonelyplanet.com/legal.

geoPlaneta
Av. Diagonal 662-664, 08034 Barcelona
www.geoplaneta.com – www.lonelyplanet.es

Lonely Planet Global Limited
Lonely Planet Global Limited, Digital Depot,
The Digital Hub, Dublín D08 TCV4, Irlanda
www.lonelyplanet.com
Contacta con Lonely Planet en: lonelyplanet.com/contact

Milán de cerca
6ª edición en español – septiembre del 2025
Traducción de *Pocket Milan*, 6ª edición – abril del 2025

1ª edición en español – abril del 2009

Editorial Planeta, S.A.
Av. Diagonal 662-664, 7º. 08034 Barcelona (España)
Con la autorización para la edición en español de Lonely Planet Global Limited, Digital Depot,
The Digital Hub, Dublín, D08 TCV4, Irlanda

ISBN: 978-84-08-30085-4
Depósito legal: B. 532-2025
Impresión y encuadernación: Unigraf
Printed in Spain – Impreso en España